辽宁省教育厅青年项目(LJ212410153040)资助
辽宁省自然科学基金计划(2024-MS-115)资助

车辆轨迹与遥感影像多层次融合的城市路网结构提取

李雅丽　刘茂华　张彩丽　向隆刚　著

中国矿业大学出版社
·徐州·

内 容 提 要

本书针对融合多源数据的道路提取问题,将轨迹的隐含动力学特征与遥感影像的静态视觉特征相结合,从多个维度对道路进行刻画,提出了道路交叉口生成、道路线提取以及复杂立交桥构建,探讨了二维、三维系列道路信息提取方法,并结合实际区域进行介绍。

全书共 6 章内容,主要包括:道路信息提取的研究现状及存在的问题,路网结构提取的理论方法,多模集成的城市交叉口识别,深度融合的道路网提取,多阶段融合的立交桥精细结构生成,总结、创新点以及展望。

本书可供地理信息、遥感与智慧交通等专业的研究生以及相关领域的科研工作者和工程技术人员参考使用。

图书在版编目(CIP)数据

车辆轨迹与遥感影像多层次融合的城市路网结构提取 / 李雅丽等著. — 徐州：中国矿业大学出版社,2025.2.
ISBN 978-7-5646-6656-9

Ⅰ.U491.1

中国国家版本馆 CIP 数据核字第 2025XK7589 号

书　　名	车辆轨迹与遥感影像多层次融合的城市路网结构提取
著　　者	李雅丽　刘茂华　张彩丽　向隆刚
责任编辑	杨　洋
出版发行	中国矿业大学出版社有限责任公司
	(江苏省徐州市解放南路　邮编 221008)
营销热线	(0516)83885370　83884103
出版服务	(0516)83995789　83884920
网　　址	http://www.cumtp.com　　E-mail:cumtpvip@cumtp.com
印　　刷	江苏淮阴新华印务有限公司
开　　本	787 mm×1092 mm　1/16　印张 9.25　字数 171 千字
版次印次	2025 年 2 月第 1 版　2025 年 2 月第 1 次印刷
定　　价	55.00 元

(图书出现印装质量问题,本社负责调换)

前　言

　　目前城市道路网络建设日新月异,但是路网信息的采集与处理主要依靠传统的基于手工的模式,这种模式一是提取成本高、更新周期长,二是在不可抵达情况下难以实现人工测量。进入大数据时代后,一些学者基于时空大数据开始研究路网结构自动生成方法,但较为零碎,尚未形成体系,且大多数侧重于利用单一数据源的低阶特征,难以构建全面精确的路网。考虑到车辆轨迹与遥感影像在道路提取中具有覆盖面广、更新周期短、获取成本低等优点,利用二者的互补特征提取更为精确且全面的路网信息。

　　针对路网结构的描述,不但需要从宏观角度利用点状交叉口与现状路段表达其几何与拓扑信息,而且需要从微观角度对立交桥内部的精细结构进行细节刻画,从而形成完整、精确的路网结构,使其作为基础地理信息数据,支撑路径规划、车辆导航以及位置服务等应用。为此,本书按照"交叉口位置点识别—道路中心线提取—立交桥精细结构生成"的顺序开展涵盖宏观与微观的路网结构生成的研究,并在三个构建阶段均考虑车辆轨迹与遥感影像的互补特征,设计相应的融合策略与方法,具体研究内容包括:

　　(1) 交叉口是路网的基础与核心要素。针对城市大范围交叉口提取中标注任务繁重且提取困难的问题,提出了一种利用车辆轨迹与遥感影像,通过在种子交叉口提取、协同训练与集成多个阶段融合二者的互补特征,实现真值的自动标注与扩充,从而自动获取交叉口位置的方法。首先融合多元无监督方法自动获取少量种子交叉口,再利用半监督的协同训练迭代选取大量训练样本,达到基于小样本数据学习出大规模样本数据的效果,最后通过对协同训练获取的两模型自适应融合,实现大范围城市交叉口的获取。

　　(2) 道路中心线是路网的骨架。针对单源数据道路提取精度有限的问题,基于深度学习网络设计了两种融合策略,以有效集成车辆轨迹与遥感影像关于道路的互补特征。在特征级的融合策略中,根据特征图融合位置的不同,进一步设计了输入端融合和输出端融合方法,二者在网络架构设计上均针对性地考虑了道路的细长形态。同时,设计了同一模态的轨迹特征图与遥感影像图,以帮助模型更好地集成二者优势;另一种策略是指导式融合,即在神经网络模型中,以指导方式挖掘二者深层特征的互补信息。此外,深度融合网络引入多任务学习思想,将交叉口分割作为相关的辅助任务,进一步提升了道路提取任务的效果。

(3)立交桥是当代社会高效运输体系中不可或缺的重要组成部分。在生成无内部结构的交叉口和道路中心线后,进一步考虑立交桥的精细结构提取问题,提出了立交桥几何、方向、拓扑与层级一体化的精细结构生成方法。基于车辆轨迹,引入方向拆分的思想,以区分邻近道路的不同方向,并获取带有方向的初始道路图。在此基础上,基于遥感影像,提出了以初始道路为指导和以道路边界为限制的超像素分割方法获取道路二值图,据此进行道路补充,利用遥感影像上层道路的方向信息,划分交叠道路的上下层级。最后基于地图匹配技术对立交桥内部道路图的几何与拓扑进行迭代更新,从而实现立交桥几何、拓扑、层次三个方面的空间精细结构生成。

著者

2024 年 3 月

目　　录

1 绪论 ··· 1
　1.1 研究背景与意义 ··· 1
　1.2 国内外研究现状及存在的主要问题 ······························ 3
　1.3 研究内容与技术路线 ·· 10

2 路网结构提取相关理论与方法 ·· 14
　2.1 深度学习基础理论与技术 ······································· 14
　2.2 多源数据介绍与预处理 ··· 19
　2.3 数据集制作 ··· 28
　2.4 本章小节 ··· 32

3 多模集成的城市交叉口识别 ·· 33
　3.1 种子交叉口提取 ·· 35
　3.2 车辆轨迹与遥感影像的协同训练机制 ··························· 39
　3.3 实验与分析 ··· 44
　3.4 本章小结 ··· 52

4 深度融合的道路网提取 ·· 53
　4.1 特征融合方法 ··· 53
　4.2 指导融合方法 ··· 58
　4.3 路网生成 ··· 64
　4.4 实验与分析 ··· 66
　4.5 本章小结 ··· 79

5 多阶段融合的立交桥精细结构生成 ··································· 81
　5.1 总体技术路线 ·· 81
　5.2 基于轨迹方向"拆分-合并"的初始有向图提取 ··············· 83

5.3 基于遥感影像"带指导有约束"的道路连接 ………………… 86
5.4 基于地图匹配的拓扑检查 ………………………………… 89
5.5 基于遥感影像的立交桥层级分析 ………………………… 95
5.6 实验与分析 ………………………………………………… 98
5.7 本章小节 …………………………………………………… 126

6 总结、创新点与展望 …………………………………………… 127
  6.1 总结 ………………………………………………………… 127
  6.2 创新点 ……………………………………………………… 128
  6.3 展望 ………………………………………………………… 129

参考文献 ……………………………………………………………… 130

1 绪 论

1.1 研究背景与意义

数字道路地图作为我国重要的基础地理信息,在城市规划[1]、智能交通[2]、位置服务[3]等领域扮演着举足轻重的角色。近年来,随着城市路网的不断建设与翻新以及基于位置的移动服务的推广与应用,如何获取时效性强、准确度高以及细节丰富的高精度道路信息显得愈发重要。如北京、上海等大城市,每年有40%以上的地图内容需要更新[4]。然而现有城市路网信息采集主要依靠专业测绘手段,不但制作成本高、更新周期长,而且存在难以到达的区域,导致其生成的路网结构的现势性难以满足数字道路地图生成与更新需求。

得益于对地观测、通信与计算机等技术的进步,积累了大量时空大数据,极大丰富了获取道路信息的数据源,如车辆轨迹[5-6]、遥感影像[7-8]、激光点云[9]、城市街景等。其中,车辆轨迹与遥感影像从不同维度刻画了道路信息,相比传统专业道路测绘,具有覆盖范围广、更新周期短、获取成本低等优势,因此成为道路数据获取的重要途径。然而,在现有的技术和数据条件下,仍难以突破单一数据源自身的限制,如基于车辆轨迹的道路信息提取过程中存在轨迹点分布异质、噪声大、采样频率不均匀等问题;而基于遥感影像的道路信息提取存在同物异谱、同谱异物以及其他地物对道路的遮挡和阴影等客观因素的限制。考虑到以上两种数据能互补[10],如车辆轨迹可以弥补遥感影像中道路信息受其他地物遮挡的问题,遥感影像可以补充在轨迹稀疏或缺失处的道路信息,融合二者的互补信息,有望进一步提升道路信息提取效果。因此,亟待利用多源数据融合技术,研究融合车辆轨迹与遥感影像进行兼顾完整度和精确度的道路提取方法。

道路网络是道路信息的主要承载对象,是由道路和交叉口两部分组成的[11]。从宏观角度出发,在中心线级路网中,道路交叉口作为路网中的拓扑节点,对车辆导航以及路径规划起到至关重要的作用,同时其具有承载不同道路间交通运输流转换的作用。因此,准确获取大范围交叉口位置是路网生成中的重要环节。然而,道路交叉口形态多样、大小不一、覆盖面广,难以利用单一数据做到交叉口的全面提取。并且道路交叉口尚没有公开的数据集,手工标注交叉口费时费力。亟待在自动标注的基础上发展一套集成多源数据优点进行道路交叉口识别的方法。

道路中心线作为路网中连接交叉口的边,其几何完整性同样是构建路网的关键。当前基于融合车辆轨迹与遥感影像的道路提取研究已经取得了一些成果,但是仍存在一些问题。如先基于轨迹数据进行主要道路提取,再利用遥感影像补充小路的方法[12],引入了大量非车行路;利用深度学习模型集成两数据源的优势的方法[13],没有考虑车辆轨迹与遥感影像这两种模态的数据在道路描述上的差异性,基于神经网络提取的路网结果易偏向于特征简单的轨迹数据。总的来说,现有融合方式比较简单与初级,在融合过程中没有考虑扬长避短。因此,迫切需要研究车辆轨迹与遥感影像在道路提取问题上的融合方法,以充分挖掘二者的互补特征,集成两数据源的优势,从而提升道路中心线提取的准确性与完整性。

随着城市车流量的增加,为了消除道路平面交叉车流的冲突,分流不同方向的车辆,有效进行交通管理,在城市的一些重要交通交汇点建立了上下分层、多方向行驶、相互不干扰的复杂立交桥。立交桥作为拓扑节点的同时还具有内部结构,且内部结构中道路空间线性结构丰富、拓扑连接关系复杂、道路方向多样且主路与匝道交织,使其精细结构的提取更具有挑战性[14]。因此,亟须发展一种新的理论方法来针对性地解决立交桥精细结构生成研究中面临的难题。

基于上述背景,本研究将利用无监督学习技术、半监督学习技术以及监督学习技术,进行车辆轨迹与遥感影像相融合的道路结构提取的相关研究,以期发展一套包括"道路交叉口识别—道路中心线提取—立交桥精细结构生成"的多层次道路结构自动提取算法。研究具有的理论意义与应用价值包括以下三点:

(1)建立路网结构多源互补特征的多层次融合方法

多源数据关于同一目标的差异性描述的有效结合,是多源数据融合的关键。考虑车辆轨迹与遥感影像在刻画道路信息上的不同,结合道路结构自身的语义特征与形态特征,设计了二者关于道路交叉口、道路路段以及立交桥的多元特征,并从数据、语义与方法等角度探索了多元特征的融合方法。

(2)提高大范围道路交叉口识别的自动化程度

道路交叉口作为路网结构的重要部分,其自动获取能够大幅度便利地图制作,而分阶段融合为实现道路交叉口自动获取提供了思路。分阶段应用无监督学习、半监督学习与监督学习的同时,承接上一个阶段的结果,通过种子交叉口自动获取、样本集扩充以及测试集预测,形成真值自动标注与扩充的方法,减少了人工参与,提高了道路交叉口识别的自动化程度。

（3）提出一套包含"几何、方向、拓扑、层级"的立交桥精细结构生成方法

立交桥空间结构多样，拓扑连接复杂，上下道路层级判断困难，为基于位置服务的应用带来了诸多困难。将方向分离的思想应用到基于轨迹栅格图的立交桥内部道路的提取上，既能够区分不同方向的邻近道路，又能够获取道路的走向信息，有效获取上下交叠道路以及双向路。结合遥感影像应用局部伪节点道路方向识别的方法，可有效获取上下层道路信息。立交桥的有效提取不仅对路网结构确定具有重要的作用，对路网的运行管理也具有十分重要的意义。

1.2 国内外研究现状及存在的主要问题

本书研究内容主要围绕融合车辆轨迹与遥感影像的路网结构提取，以解决单源数据在路网结构提取过程中存在的问题。为此，本节分别介绍车辆轨迹、遥感影像及二者融合，在道路交叉口识别、道路提取以及立交桥精细结构生成领域的研究现状，以及研究现状中存在的不足和问题，为进一步的研究提供基础和问题来源。

1.2.1 道路交叉口识别研究现状与分析

1.2.1.1 基于车辆轨迹的交叉口识别

道路交叉口是道路网的重要组成部分和关键节点，能够确保路网拓扑完整性，承载道路转向信息。车辆轨迹数据是车辆行驶路径的完整记录，能够体现车辆在交叉口附近的动态转向信息，同时轨迹数据也是道路网络几何特征的直接反映。基于车辆轨迹的道路交叉口位置识别算法包括：① 基于动态特征的方法，根据交叉口交通功能，利用轨迹在交叉口的速度、方向角以及停留时间等特征识别交叉口；② 基于静态特征的方法，根据交叉口连接功能，将生成的道路中心线中的连接交点识别为道路交叉口。

第一类交叉口识别方法中，一些学者从聚类的角度出发识别交叉口位置。J. Wang 等[15]筛选出较大转向片段后，基于局部 G 统计来区分交叉口与非交叉口。J. Wang 等[16]利用 meanshift 算法对转向密度图进行聚类，得到交叉口中心点位置。唐炉亮等[17]基于轨迹相似度，通过对轨迹转向片段聚类进行交叉口提取。X. Z. Xie 等[18]通过对最长公共线段的首尾点聚类获取交叉位置。基于聚类的方法适用于轨迹点密集的交叉口提取，对于分布不均、采样频率低的轨迹数据适应性不强；还有一些研究通过构建探测器进行交叉口识别，如 A. Fathi 等[19]基于形状描述器提取交叉口，万子健等[20]利用决策树构建轨迹片段分类

模型,从而进行交叉口识别,同时,随着深度学习技术的发展,X. Yang 等[21]利用 mask-RCNN 识别轨迹中交叉口的位置与类型,但此类方法的效果取决于手工标注训练集的规模与质量,然而由于交叉口的类型很多,难以选取足够多类型的道路交叉口样本进行训练[22]。

在第二类方法中,典型的实例包括:J. J. Davies 等[23]首先将轨迹数据栅格化为图像,然后利用核密度估计等方法探测道路区域,最后通过形态学分析获取骨架线,再据此提取交叉口位置。胡瀚等[24]通过多分辨率的栅格图提取道路中心线,并在此基础上提取交叉口。但此类方法受轨迹点密度的影响,并且栅格化时采用的空间分辨率也会影响交叉口提取的数量。在这两类方法的基础上,C. L. Zhang 等[25-26]集成动态特征与静态特征,提出了一种融合方法提取交叉口。

1.2.1.2 基于遥感影像的交叉口识别

目前基于遥感影像道路交叉口识别的常用方法一般是根据交叉口区域的表征形式进行识别。陈晓飞等[27]先通过滑动窗口获取交叉口候选区域,再根据计算的道路交叉口参数筛选出最终的交叉口。蔡红玥等[28]利用遥感图像的梯度变换和形态学处理得到交叉口候选区域后,再通过角度纹理信息的波谷检测识别出交叉口位置。张伟伟等[29]利用霍夫变换检测同质二值图中直线,再根据直线的交点确定交叉口位置。曹闻等[30]将道路交叉口看作可变形部件,通过样本训练可变形部件模型参数,应用滑动窗口匹配方法获取交叉口位置和其对应的类型。随着基于神经学习方法在图像识别领域的发展,周伟伟[31]基于 Fast-RC-NN 进行交叉口的位置与类型识别。王龙飞[32]利用改建的 YOLOv3 网络遥感影像进行交叉口检测。该类方法适用于道路场景简单的交叉口提取,在道路复杂的场景下提取精度较低,并且基于深度学习的方法,尚没有专业的道路交叉口数据集,缺少可直接用于训练的数据样本。

考虑到交叉口为小面积的面状目标,直接从遥感影像中获取具有挑战性,另外一些研究在获取道路二值图的基础上进行道路交叉口提取[11,33-35],M. Ahmed 等[36]设计了两步骤的道路交叉口提取框架,第一步应用不同形态方向滤波提取道路线,第二步在道路线的基础上获取道路交叉口并确定其连通性。Z. L. Miao 等[37]和 Y. Y. Zhang 等[11]先使用分割算法从遥感影像中提取道路二值图,再通过张量投票检测出道路二值图中交叉点的位置作为道路交叉口。但是这种以道路二值图为基础的交叉口提取方法,其交叉口提取精度取决于道路提取的质量。

1.2.1.3 基于多源数据融合的交叉口识别

目前基于多源数据融合的交叉口识别的算法较少,且缺乏基于融合多源数据互补特征的交叉口识别。陈光等[38]先利用路网矢量数据获取研究范围内所有交叉口的位置,然后根据交叉口位置对遥感影像切片,并通过其构建的交叉口像元结构指数,形成像元形状与交叉口结构的量化映射关系,最后根据指数像元聚合度指标来提取交叉口的中心位置和分支结构。

1.2.1.4 存在的问题

利用深度学习网络的交叉口识别不论是基于车辆轨迹还是基于遥感影像,其识别效果都优于传统方法,但是深度学习模型的效果取决于训练集的规模与质量,但是目前还没有公开的专业道路交叉口数据集,而人工标注费时费力,需要探究一种自动标注的方法,在保证模型效果的同时降低人工成本。

此外,车辆轨迹和遥感影像只是道路交叉口复杂多维特征的片面呈现,现有的基于单源数据提取道路交叉口的方法有许多,且能够有效识别呈现显著特征的交叉口区域,但难以全面、精确地获取大范围的道路交叉口,需要进一步开展集成车辆轨迹和遥感影像优势的道路交叉口识别方法的研究。

1.2.2 道路提取研究现状与分析

1.2.2.1 基于车辆轨迹的道路提取

在大数据时代背景下,轨迹因自身固有的优势,使其成为道路提取与更新的重要数据源,引起国内外研究人员的广泛关注[39]。目前基于车辆轨迹的道路提取研究已经取得了丰硕的成果[5],所使用的方法主要包括聚类法、增量法、栅格法。

聚类法是基于轨迹点或轨迹线聚类,对聚类得到的道路片段进行融合,从而构建道路中心线级的路网[40]。轨迹点聚类的方法根据生成路网方式的不同进一步可以分为两类:一类是直接聚类轨迹点数据,再通过拟合方法生成路网。S. Edelkamp等[41]以及J. Qiu等[42-43]应用K-Means和DBSCAN等聚类方法对轨迹点数据进行聚类后再应用样条曲线拟合、最小二乘法拟合等,提取道路中心线;另一类是分离出交叉口区域的轨迹点后再利用聚类方法得到交叉口,连接交叉口识别路网格。X. Z. Xie[18]、S. Karagiorou[44]以及J. W. Wu等[45]首先通过阈值设定识别出交叉口数据点或者转向点,阈值包括速度、方向以及相邻点距离等限制条件,然后对轨迹点聚类提取交叉口,最后连接交叉口之间的路段形成路网。轨迹线聚类主要基于路径的相似性判断,X. M. Liu等[46]基于几何距离与方向差异轨迹片段进行聚类,再应用B样条曲线拟合点簇得到道路中心线。基于聚类的方法,易实现,但计算量较大,且生成路网的效果受聚类阈值的影响较大。同时,基于先获取交叉口再进行路段连接的点聚类方法,受轨迹点覆盖度的影响,难以获取车辆通行量较低的支路。

增量法以轨迹线为研究对象,通过合并形态和空间位置相似的轨迹来不断调整和完善道路网络。L. L. Cao 等[47]基于物理引力模型,通过引力和斥力汇集同一道路上的轨迹段,进而增量式生成道路网络,同时剔除轨迹通行量少的路段。M. Ahmed 等[36]通过弗雷歇距离计算新轨迹与已有道路的相似部分,并利用新轨迹可匹配的部分更新已有的边,不可匹配的部分作为新的节点与边,插入已有路网。唐炉亮等[48]根据时空认知规律,即先获取道路粗略轮廓信息,再对细节精细化处理,利用 Delaunay 三角网不断融合新轨迹得到细节丰富的道路网。刘纪平等[49]提出了一种顾及道路复杂度的增量路网构建方法。总的来说,该类算法原理简单,但是计算量大耗时长,且容易遗漏道路。

栅格法是将轨迹数据转化为栅格图,对其进行二值化处理后再利用图像数字化处理技术提取道路中心线。W. H. Shi 等[50]将轨迹数据栅格化后利用样条函数拟合曲线的方法提取道路中心线。J. J. Davies 等[23]在二值图的基础上应用 Voronoi 图分割计算道路中心线。王德浩[51]利用数学形态学的方法提取二值图中的道路骨架线。但是该类方法的参数适应性不强,难以兼顾轨迹稀疏区域与稠密区域的道路提取,为此,一些学者尝试基于深度学习的道路提取。陆川伟等[52-53]基于条件生成式对抗网络进行道路中心线提取,并在此基础上提出了基于朝向 HSV 栅格图的车道路级别道路提取。S. J. Ruan 等[54]基于多任务的深度学习网络,将道路面提取与道路中心线提取两个任务同步进行,利用道路面提取任务辅助道路中心线的获取。该类方法适用于大规模数据处理。总的来说,该类方法不受轨迹数量的影响,适用于大规模数据处理,但是由于在栅格化过程中丢失了轨迹原有的连通信息,难以提取路网的拓扑连通关系,且难以设置合适的二值化阈值[55]。

1.2.2.2 基于遥感影像的道路提取

基于遥感影像的道路提取可分为道路区域提取和道路中心线提取。其中,道路区域提取的传统方法主要集中在特征工程的设计,包括基于像素的方法、基于对象的方法以及基于知识的方法。基于像素的方法主要是应用光谱、形状、长度以及纹理等特征将道路与其他地物区分提取。常见算法有模板匹配[56]、边缘检测[57]以及支持向量机[58]等。基于像素的方法能够在道路清晰且背景简单的场景下有效提取道路,但是难以识别阴影下的道路且容易产生大量噪声。基于对象的提取方法是将图像分割或聚类为小的同质单元后再进行道路识别。常见算法有 Snake 模型法[59]、区域生长算法[33]等。基于对象的方法能够消除噪声影响,但是其效果取决于分割结果,且易于错误提取出与道路形状相似且连接的背景。基于知识的方法构建用于区分出道路与非道路的规则,从而逐步剔除非道路地物。常见算法有多源数据融合算法[60]、聚类算法[61]。基于知识的方法思路清晰,但复现多源数据融合算法时易受辅助数据匮乏的限制,且不适用于复杂场景下的道路提取。

基于深度学习的道路提取方法能够自动学习图像的特征,近年来,被广泛应用于遥感影像的道路提取。V. Mnih 等[62]首次将深度学习网络应用于道路提取,以逐像块方式进行道路检测。在全卷积网络出现之后,相关学者开始基于 U-Net、Link-Net 等基础网络进行道路分割网络的设计[63-64],如 Z. X. Zhang 等[65]将残差网络与 U-net 相结合,减少了训练参数的数量。H. He 等[66]将空间金字塔与编码-解码器相结合,以提取道路的精细特征。L. C. Zhou 等[67]在 Link-Net 网络中嵌入空洞卷积提出 DLink-Net,以扩大感受野。C. Tao 等[68]在 ResUnet 网络的基础上设计空间信息推理模块,以探索道路的空间上下文信息,提升道路的连接性。

由于直接从遥感影像提取道路中心线较为困难,现有中心线提取研究一般是在道路区域提取的辅助下完成的。一些研究将中心线提取分为两个阶段,先检测道路,提取利用,再利用形态学处理[58,69-70]、回归算法[37]、张量投票[71]以及全卷积神经网络 CasNet[72]等,进一步提取道路中心线。另外一些研究则考虑道路区域提取和道路中心线提取任务的相关性,通过设计基于深度学习的多任务提取网络,同时获取道路区域与中心线[73-74]。但是上述方法的缺点是中心线的提取结果取决于道路二值图的提取结果。F. Bastani 等[75]开创性地提出 RoadTracer 能够基于遥感影像直接生成结构化的道路中心线。该方法从一个点出发,通过卷积神经网络(convolutional neural networks, CNN)。该方法生成了道路的拓扑[76]关系,但是其搜索易受到其他地物的干扰而中断,从而导致道路的完整性较差。

1.2.2.3 基于多源数据融合的道路提取

为了克服车辆轨迹与遥感影像在道路提取上的单源局限性[77],一些学者开始尝试将车辆轨迹与遥感影像同时作为数据源来生成道路信息。已有研究可以分为两大类:

一类方法为功能集成,即以一类数据源来获取初步结果,再以另一类数据源做进一步处理。C. Q. Cao 等[76]利用车辆轨迹来获取道路种子点,据此来指导基于遥感影像的中心线提取。J. Y. Yuan 等[78]基于遥感影像的道路分割结果来筛选道路轨迹段,据此来辅助中心线的调整与细化;方志祥等[12]首先基于轨迹提取初始道路图,以此为基础利用道路的相似性,通过遥感影像延伸出小路,以形成较为完整的道路;S. T. He 等[79]先利用其提出的 RoadRunner 通过轨迹数据提取高精度的道路,再以其为基础,利用 RoadTracer 通过遥感影像完善道路信息,以提升道路整体的召回率。

另一类方法为数据融合,即将车辆轨迹与遥感影像在输入端或提取过程中融合在一起,利用二者的互补信息来提高道路识别的效果。T. Sun 等[10]将轨迹道路特征与遥感影像串接成单个输入,利用多方向卷积来提取中心线。H. Wu 等[13]利用门控模块,从轨迹特征图和遥感特征图中筛选出更能描述道路的一项,充分利用两数据源的优势提取更为完整的道路图。

1.2.2.4　存在的问题

总体而言,大量研究针对基于车辆轨迹的道路提取,输出了丰富多样的成果,但是多数基于高质量的轨迹数据输入,然而车辆轨迹通常低频、分布不均匀且带有大量的噪声,使得上述工作难以应用于路网密集或者结构复杂的城市区域。此外,基于车辆轨迹的路网识别绝大部分是小范围的实验,很少有城市级的道路中心线研究。

基于遥感影像的道路提取方法适用于道路视觉特征较为明显的区域,但是道路易受树木、建筑的遮挡,其辐射、纹理与几何特征易与其他地物(如河道、植被、建筑、裸露地块等)混淆,存在同物异谱、异物同谱等现象,大幅度限制了遥感影像的道路区分能力。此外,基于遥感影像通过神经网络识别方法的迁移性较差,在遇到新的道路结构和新的影像风格时提取效果将急剧下降。

目前针对集成车辆轨迹与遥感影像的道路提取研究相对较少,且所采用的融合方法较为简单直接,缺乏对道路互补信息的分析挖掘。如何有效融合车辆轨迹与遥感影像的高判别性互补信息,开展城市级路网的生成研究,仍是需要进一步研究的问题。

1.2.3　道路精细结构生成研究现状

立交桥是路网中的一种典型微观结构,这些交叉口包含上下行道路、匝道以及其他辅助连接道路[80-81]。相比平面交叉口,立交桥除了作为拓扑节点,还具有独特的内部结构,内部道路组织多样且拓扑连接关系复杂;相比路网,这些立交桥包含的道路更密集,且相互交错。使得基于平面交叉口识别方法或道路提取方法难以满足立交桥的空间细节信息获取与更新的需求。

为了描述立交桥内部精细结构,一些学者在交叉口位置处获取的轨迹数据基础上进一步提取交叉口内部的几何结构、转向规则等语义信息。但很少有基于遥感影像进行交叉口内部信息提取的研究,这是因为遥感影像仅呈现了道路的静态视觉特征,很难从中提取复杂的拓扑关系以及转向等导航信息。J. Wang 等[15-16]在识别交叉口位置的基础上,利用聚类方法进一步提取了交叉口内部的转向信息。X. Yang 等[82]基于高频轨迹数据提出了一种车道级交叉口生成方法。但是以上方法的识别效果取决于轨迹频率,适用于平面交叉口,难以识别立交桥。

采用道路提取方法可以提取简单的十字路口,但不适用于提取立交桥。在采用聚类法生成路网中,立交桥密集的道路会影响聚类中心点的生成,从而导致生成不正确的道路几何形态[83]。在采用增量法生成路网过程中,由于邻近道路的存在,会对轨迹点正确匹配造成干扰,出现漏提道路[79]。在栅格法中,由于上下行交叉道路以及邻近道路的存在,往往会难以分辨邻近道路并且会引入拓扑连接错误[54,84]。

1.2.3.1 基于车辆轨迹的立交桥精细结构生成

基于车辆轨迹数据提取立交桥精细结构的研究较少,一些学者[85-87]通过聚类的方法生成复杂交叉口的几何结构与拓扑连接关系,但是该类方法难以自动选取合适的聚类数量。另外一些研究则是通过聚类得到进出点[88],并据此筛选某一交通规则下的轨迹点,进而生成路段的几何形态和转向规则,但是基于立交桥进出点的路段拟合,难以区分相聚较近的主辅路。S. T. He 等[79]基于增量法提出了一种考虑轨迹点长序列连接性的道路生成方法,命名为 RoadRunner,该方法在提取道路的同时顾及了复杂交叉口这一类道路高密度区域的道路生成,能够有效区分邻近道路,但易出现道路漏提的现象。R. Stanojevic 等[83]提出的 Kharita 仅需考虑聚类半径和方向差阈值两个参数就可以获取适用于环岛区域的道路生成,该方法涉及参数少,计算速度快,但易出现道路毛刺,无法兼顾主路和辅路的同时生成。且上述研究都未能有效获取立交桥道路的层级信息。

1.2.3.2 基于多源数据融合的立交桥精细结构生成

一些研究通过多源数据融合,在获取复杂交叉口的几何形态与拓扑关系的同时,进一步确定了立交桥的上下层关系。陈漪[89]提出了一种立交桥交点自动识别算法,实现对所有道路交点自动检测,并在识别出上下层道路交点的基础上应用轨迹点高程信息判断道路的上下层关系。C. Ren 等[90]针对立交桥三维结构的生成,提出了将轨迹数据的高程信息与数字高程模型相融合的方法。但由于实际应用中受到高程信息匮乏的限制,使得该类方法难以复现。

1.2.3.3 存在的问题

总的来说,一些研究虽然在交叉口识别或道路提取的过程中考虑了立交桥内部结构的提取,但由于其几何和拓扑的复杂性超出了现有算法构建的能力,使得这些方法的效果不佳,出现几何信息不完整、拓扑错误或者未区分相邻道路等问题。并且针对复杂立交桥的精细结构提取的研究较少,尤其是针对立交桥内部几何、方向、拓扑、层级四个方面的研究,但是这些信息是辅助人们利用道路图进行导航的关键,如何融合现有易获取的众源数据,推理出复杂立交的精细结构仍需进一步研究。

1.3 研究内容与技术路线

1.3.1 研究内容

为了实现涵盖宏观与微观的路网结构生成这个目标,针对上述研究现状中存在的问题,本书通过融合车辆轨迹与遥感影像,主要研究内容如下(图 1-1)。

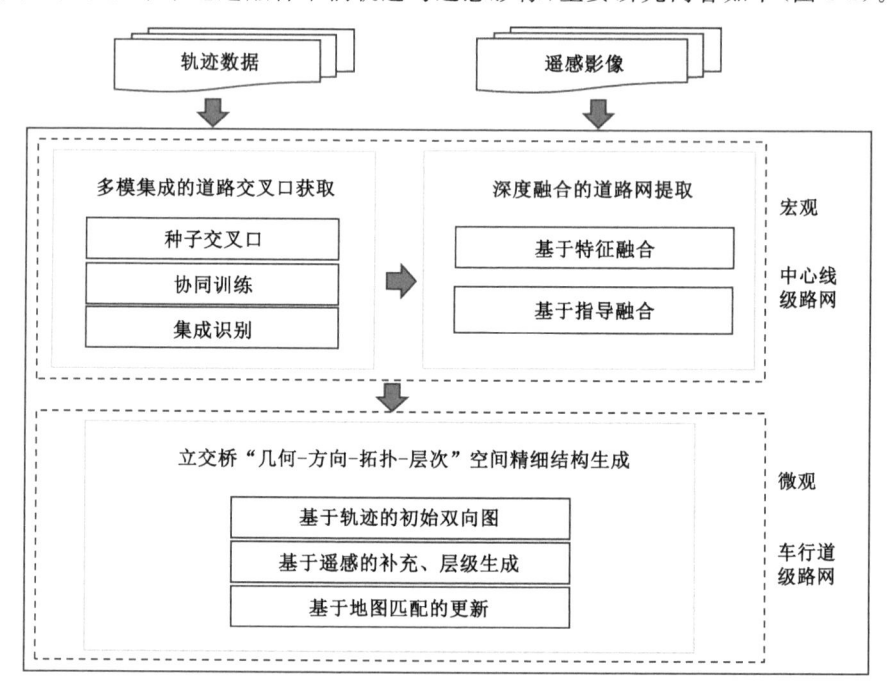

图 1-1 研究内容

(1) 多阶段融合的道路交叉口识别

城市交叉口规模庞大且大小不一,形态迥异,单一数据源对道路交叉口的描述能力有限,难以做到对道路交叉口的全面、精确识别,且目前缺乏公开的专业道路交叉口数据集,而人工标注费时费力。为此,本书提出多阶段集成的多源数据融合方法,分阶段应用非监督技术、半监督技术以及监督技术,以实现道路交叉口自动标注、扩充以及识别。为此,从下述几个方面开展研究:

① 基于非监督技术,根据交叉口呈现的静态视觉特征与动态语义连接特征设计车辆轨迹与遥感影像关于交叉口的多元描述特征,并根据不同描述特征提取的交叉口结果,设计获取少量种子交叉口的融合策略。

② 基于半监督学习技术,利用少量种子交叉口样本生成的小样本集,设计面向车辆轨迹与遥感影像的协同训练框架,支持对大规模道路交叉口的半监督学习。

③ 基于监督技术,通过融合轨迹分类器和遥感分类器的交叉口判别结果,提出一种城市交叉口识别的集成模型。

(2) 深度融合的道路网提取

城市道路等级不同,且四周通常有树木与高楼环绕,受轨迹点空间分布不均匀、噪声以及遥感影像异物遮挡和同物异谱等因素影响,利用车辆轨迹或遥感影像的道路提取,易出现断裂,且对低等级的支路提取效果不佳。本研究利用深度学习技术,从基于特征级融合的角度出发,分别从输入端融合和基于深度网络模型的融合,探索融合车辆轨迹与遥感影像的道路提取方法,具体研究内容如下:

① 针对输入端和输出端的融合方式,考虑到车辆轨迹数据(离散栅格表征)与遥感影像(连续光谱表征)在道路特征描述上的模态差异,提出一种基于迁移学习的多模态融合方法:首先通过预训练的轻量化网络从遥感影像中提取道路概率图,再与轨迹密度栅格图特征级融合,构建具有跨模态一致性的深度网络输入。

② 针对指导的融合方法,采用像素自适应卷积技术,在模型的特征提取方面,以指导的方式,设计车辆轨迹特征图与遥感影像特征图的融合模块;顾及交叉口提取在道路提取中的重要性,研究道路提取和交叉口提取的多任务分割模型。

(3) 立交桥"几何-方向-拓扑-层次"空间精细结构生成

针对立交桥主辅路交织、上下层道路交叠、拓扑关系复杂问题,本研究通过分阶段利用多源空间信息,逐步实现立交桥精细结构生成,主要包括三个方面:一是利用轨迹数据的朝向信息,生成有向道路图;二是在有向道路图的基础上,利用遥感影像进行道路和道路层级语义信息的补充;三是针对构建的有向拓扑道路图,利用高置信轨迹数据进行查漏补缺。具体研究内容如下:

① 顾及道路方向与车辆轨迹点朝向,设计包含平行道路与上下道路的双向矢量道路图提取方法。

② 以轨迹数据提取的道路中心线为引导,以遥感影像提取的地物边界图为约束,基于改进的超像素分割算法,研究道路补充和道路层级的生成方法。

③ 利用轨迹预处理、立交桥进出口范围以及双向矢量道路图,设计低质量、无关轨迹的剔除方法,保留高置信度轨迹,并根据高置信度轨迹与有向拓扑道路

图研究现有路网的纠错与补漏的方法。

研究内容(1)和研究内容(2)为宏观角度下道路中心线级路网生成提供了依据。而立交桥作为路网典型的微观结构,应用研究内容(1)或研究内容(2)中的方法均无法实现对其内部道路的精准刻画,研究内容(3)主要实现了立交桥精细结构生成。

1.3.2 研究技术路线

本书从路网结构的类型出发,针对道路交叉口识别、道路提取以及立交桥精细结构生成三个研究内容分别设计了技术路线。

(1) 多模型融合的道路交叉口识别

种子交叉口提取,利用车辆轨迹的空间分布特征和隐含的动力学特征,以及遥感影像的视觉特征,分别通过形态学法、聚类法以及张量投票法进行交叉口提取,融合多元方法结果获取高置信度的种子交叉口,并据此生成小样本集。然后基于协同训练机制,分别构建车辆轨迹与遥感影像的交叉口分类器,并对两个分类器进行初步训练,对无标签数据进行概率预测,从中选择高置信度的伪标签加入训练集,再次对两个分类模型进行训练,如此迭代多次,以优化两个分类器彼此的性能;最后集成两个分类模型的结果作为最终交叉口识别结果。

(2) 深度学习网络下多种融合方式的道路提取

基于特征融合的道路提取构建输入端融合和输出端融合。首先,分别构建两种数据源的道路特征图,具体来说,从轨迹信息中计算、提取能够反映道路信息的动态特征格网图和静态特征格网图,并通过迁移学习的方式,基于少量遥感图像样本获取遥感信息中的道路特征图。其次,将来自两种数据源的道路特征图作为神经网络的输入,获取道路分割结果,提出的神经网络是以 U-Net 为基础,顾及道路的线状特征和道路分割任务的复杂性修改了其卷积核形状和网络层数。最后,通过多步骤后处理,通过形态学处理得到了道路中心线,基于中心线像素的八邻域拓扑分析,当某像素的连通分支数≥3时(表明至少有 3 条道路在此交汇),判定为道路交叉口节点,矢量化后最终获取包括路段和交叉口的道路地图。

基于指导融合的道路提取,模型编码过程中设计两个编码器,分别进行车辆轨迹与遥感影像的特征提取,并集成每层中两类特征图相互指导的特征图,将其与解码器中特征图进行跳跃拼接,从而集成二者的优势信息。同时,考虑道路提取易在交叉口处出现断裂,且交叉口与道路提取是两个相关的任务,采用多任务的模型架构,同时提取道路和交叉口。

(3) 立交桥"几何-有向拓扑-层次"空间精细结构生成

利用方向拆分的思想,首先,将方向划分为多个域,提取各方向域下的道路密度图,利用局部自适应阈值分割出主辅路完整的道路二值图后再采用形态学处理、细化以及带方向的矢量化生成初始道路双向图。其次,方向拆分使涵盖一个以上方向的弯曲道路被分割为多段,引入整体密度进行断裂道路连接,获取初始双向路网拓扑图。再次,在双向路网拓扑图上,基于遥感影像进行道路补充以及道路层级确定。最后,利用质量高且剔除无关轨迹的高置信度轨迹对现有路网进行螺旋式更新,即每一次更新都建立在前一次的基础之上,从而不断提高原有路网质量。更新的主要问题有拓扑连接、缺失道路补充以及伪道路剔除。

2 路网结构提取相关理论与方法

本章围绕车辆轨迹与遥感影像路网结构提取中的理论与方法,从三个方面展开描述,包括主要应用的神经网络技术、多源数据特征与预处理以及多源数据集制作。首先,介绍本书中应用的深度学习中的卷积神经网络、半监督学习以及迁移学习等技术。其次,针对本书中应用的两种数据源,分别介绍了车辆数据与遥感影像的来源、特征以及预处理方法。最后,基于矢量的道路真值,提出了针对车辆轨迹与遥感影像成对的大规模数据集快速制作方法,可实现不同分辨率真值图像的批量生成,为应用深度学习网络模型奠定了数据集基础。

2.1 深度学习基础理论与技术

2.1.1 卷积神经网络

卷积神经网络(convolutional neural network,CNN),是深度网络学习模型的一种,是基于深度神经网络(deep neural network,DNN)进一步发展而来的,与 DNN 相比,其具备通过卷积核自动进行表征学习的能力,被广泛应用于图像分类[91-92]、目标检测[93-94]以及图像分割[95]等领域。

CNN 由 Lecun 等在 1989 年首次提出,并应用于手写数字识别,作为端到端的训练结构,CNN 能够自动学习不同层次的信息。经典的 CNN 一般由输入层、隐藏层和输出层构成,其中隐藏层又包括多个堆叠的卷积层和池化层以及全连接层,CNN 的一般结构如图 2-1 所示。

输入层用于原始图像数据归一化处理,在图像处理领域,图像的像素矩阵一般作为初始输入。

卷积层是卷积神经网络的重要组成部分,也是卷积神经网络与常规人工神经网络的区别之处。在卷积层中通过卷积核学习局部感受野下的特征,即卷积层每一层的节点只与其前一层部分节点相连接,这种稀疏连接的方式大幅度减少了参与运算的神经元数量。而传统深度神经网络利用矩阵乘法建立层与层之间的连接,使得每个层中的节点都要与相邻层中的节点相连接,带来庞大的计算

2 路网结构提取相关理论与方法

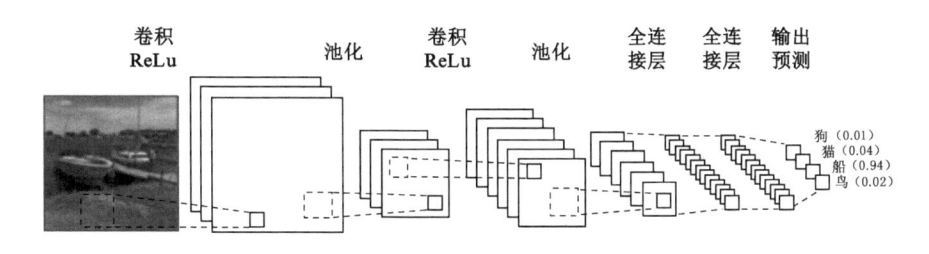

图 2-1 CNN 的一般结构

量;同时,传统深度神经网络中,权重矩阵的每个参数仅作用于单一输入元素,而卷积核的每个参数通过滑动窗口方式重复作用于输入特征图的所有局部区域。这种设计不仅大幅度减少参数量(只需学习一组全局适用的卷积核参数),还赋予了网络平移等变性的重要特性——无论目标在图像中的位置如何变化,相同的卷积核都能保持稳定的特征提取能力。具体表现为:① 参数效率,单个 3×3 卷积核在 256×256 图像上可实现 65 536 次参数复用;② 等变特性,数学表达式为 $f[g(x)]=g[f(x)]$,其中 g 代表平移操作;③ 局部感知,通过有限感受野(如 5×5)逐步构建全局特征层次。

池化层一般位于卷积层之后,通过最大池化或者平均池化对卷积层提取的特征图进行特征选择,起到降低维数和减少参数的作用。

全连接层不再具备特征提取能力,而是对卷积提取的特征图进行非线性组合。

输出层的设计因任务而异:图像分类任务采用逻辑函数或 Softmax 函数输出类别概率,而目标检测任务则输出边界框坐标(中心点、宽高)和对应类别标签。

2.1.2 全卷积神经网络

对于一般的 CNN 来说,其用于判断输出的特征图是经多次池化后得到的,图像尺寸远小于输入图像的,可以说 CNN 是一种对输入图像全局信息的提取,适用于图像级别的回归和分类任务,但是在图像分割任务上仍具有一定的局限性。为了解决这个问题,J. Long 等[96]提出面向语义分割的全卷积神经网络(fully convolutional neural network,FCN)。与 CNN 不同的是,FCN 采用卷积层代替 CNN 尾部的全连接层,并增加对池化后的特征图采样步骤,使其大小恢复到与输入图像尺寸一致,从而对图像中的每个像素预测实现语义级的图像分割,并且 FCN 不受输入图像尺寸的限制,可以接受任意尺寸的输入。图 2-2 展示了 FCN 网络结构,根据上采样倍数分为 FCN-8S、FCN-16S、FCN-32S。

基于 FCN 衍生出一系列 FCN 变种。U-Net 由 O. Ronneberger 等[63]提出后被广泛应用于语义分割领域。U-Net 在 FCN 的基础上进行了改进,将整个图

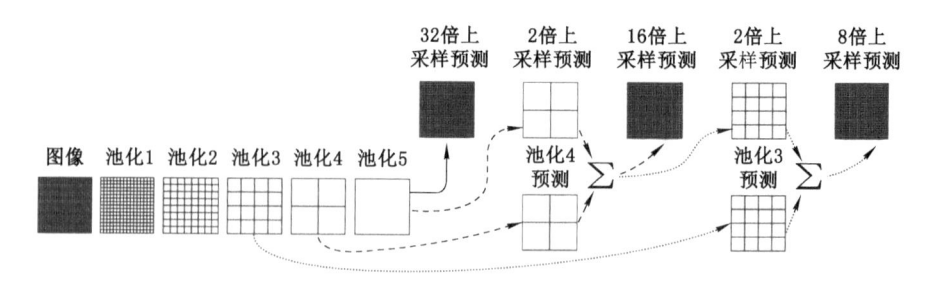

图 2-2 FCN 网络结构

片作为输入并提供像素级分类。如图 2-3 所示，U-Net 结构有两个路径，一个连接路径用于捕捉上下文信息，一个对称扩展路径用于获取准确的语义信息。

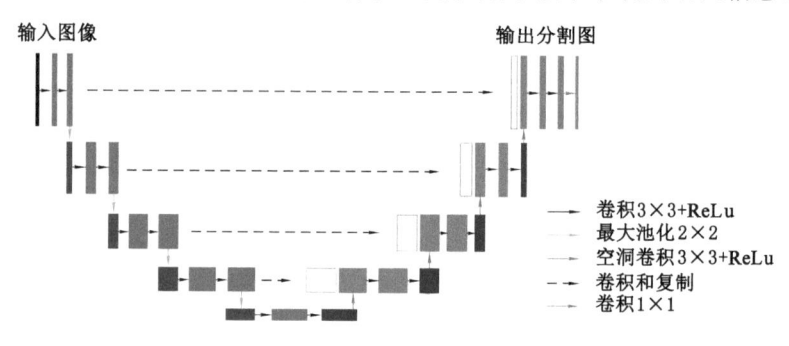

图 2-3 U-Net 结构

在 18 届 DeepGlobe 道路提取竞赛中，Z. X. Zhang 等[65]等采用 D-LinkNet 赢得了比赛。D-LinkNet 沿用了 FCN 编码-解码结构(图 2-4)，在编码部分对在 ImageNet 中训练好的 ResNet[95]进行微调，以提升特征学习效率。在解码部分，应用转置卷积进行上采样，逐步将特征图恢复至输入图像的尺寸。编码与解码中间加入空洞卷积，以扩大感受野，适应更大尺寸的输入。编码部分与其对应的解码部分通过跳跃连接，融合低维特征与高维特征。

2.1.3 半监督学习

上面介绍的 CNN 与 FCN 都是监督学习，即利用完全标记的样本集进行学习。然而在缺乏专业数据集的情况下，对数据进行完全标记的人工成本很高，这使利用部分标签数据以及大量未标记数据的半监督学习技术被广泛应用。半监督学习的算法可分为自训练算法(self-training)、生成模型(generative model)、图论方法(graph-based methods)、多视图学习(multi-view learning)。考虑到本

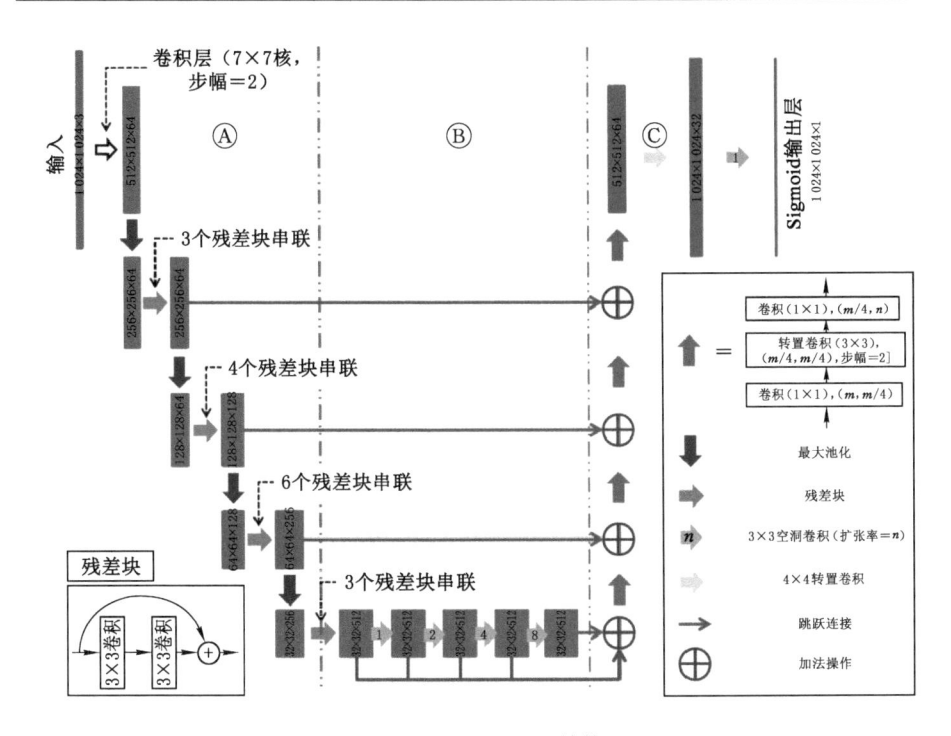

图 2-4 D-LinkNet 结构

书应用的车辆轨迹与遥感影像,是关于道路信息的两个独立且互补的视图,在此主要介绍基于多视角算法的半监督学习算法。

协同训练(co-training)算法[97]是多视图学习的代表,其假设每个视图可以训练出一个分类器,然后利用分类器之间的分歧信息进行交换。无标签样本作为信息交换的媒介,将从分类模型中选择出高置信度的无标签样本作为新增的有标记样本用于训练更新,帮助训练对方分类器,迭代进行伪标签选择过程,直到两个分类器都不再变化,或达到预先设定的迭代轮次为止(图 2-5)。由于每个分类器是由不同的视图训练得到的,相互之间能够形成互补,从而能够提高模型的分类精度。但该算法需要满足视图为充分且条件独立,充分是指每个数据集具备训练出一个强分类器的能力,条件独立是指数据集之间相互独立。

2.1.4 迁移学习

深度学习中,在数据集规模较小的情况下,如何快速开展图像的分割与识别工作成为一个新的研究课题。迁移学习就是利用旧知识学习新知识,将其在源域学习到的知识迁移到目标域,两个领域的相关性越强,迁移学习的效果越好。

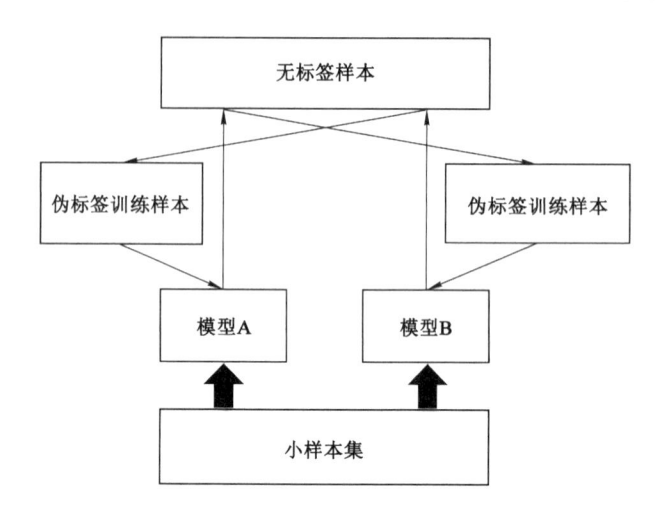

图 2-5 协同训练过程示意图

根据迁移目标的不同,迁移学习可分为基于实例、基于特征和基于模型三类[98]。基于实例的迁移学习是将源域中与目标域相似的样本加入目标域的训练集中,以扩大训练集规模[99];基于特征的迁移学习是基于特定的方法,提取源域和目标域的相似特征,以在表示层面进行迁移[100]。基于模型的迁移学习是将源域模型参数与目标域模型共享,基于大规模源域数据可得到泛化能力强的预训练模型,提高小样本目标域模型的精度,是本书采用的迁移学习方法。

2.1.4.1 迁移学习预训练模型

预训练模型作为基于模型的迁移学习,是迁移学习中重要组成部分,利用预训练模型能够有效地提高模型的训练效率。具体来说,预训练模型是将基于源域训练得到的网络模型嵌入目标域的网络模型,并通过微调的方式修正目标域的网络模型参数,以适应新任务。根据目标域的数据量规模以及目标与源域的相关性,微调方法可分为四种:① 目标域样本量小,与源域相关性小,在微调时,可冻结预训练模型中的低层卷积层,训练除其之外的网络模型中的其他参数;② 目标域样本量小,与源域相关性大,可以将预训练网络模型作为特征提取器,仅训练最后一层用于任务输出的全连接层;③ 目标域样本量大,与源域相关性小,可以仅保留预训练模型结构,但不加载其模型参数,并按照目标任务定义输出层;④ 目标域样本量大,与源域相关性大,可以按照预训练模型的参数对目标域模型直接进行初始化,然后整体更新目标域模型。这种情况下,仅需少量的迭代次数就可以训练出高精度的模型。

2.1.4.2 迁移学习多任务学习

多任务学习是归纳迁移的一种方法,能够利用多任务之间的共享信息提升模型的泛化能力、学习效率以及任务精度[101]。多任务学习在学习一个任务的知识的同时,可以使用共享信息学习并获取其他任务的知识。根据共享机制的不同,多任务学习可以分为硬共享和软共享(图 2-6)。硬共享是多任务学习中应用最广泛的一种方式,多任务之间共有网络结构和参数,同时设定几个特定任务的输出层[102]。硬共享能够降低过拟合的风险,这是由于越多任务同时学习,模型越能够捕捉到多个任务的同一个表示。软共享是指每个任务有单独的模型和模型参数,通过对模型参数的距离的正则化来保障参数的相似性[103]。

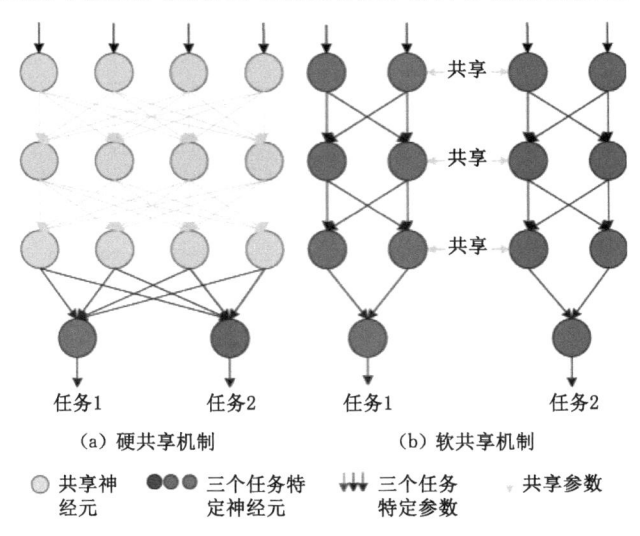

(a) 硬共享机制   (b) 软共享机制

○ 共享神经元   ●●● 三个任务特定神经元   ⇊⇊⇊ 三个任务特定参数   · 共享参数

图 2-6 共享机制类型

2.2 多源数据介绍与预处理

2.2.1 多源数据的来源和基本特征

刘经南[104]将测绘与位置大数据分为 5 个种类,包括地图数据、遥感影像数据、大地基准数据、轨迹数据、基于与位置相关的空间媒体数据。本研究主要应用轨迹中的车辆轨迹数据和遥感影像,在此对两个数据源及其特点进行介绍。

2.2.1.1 车辆轨迹及特征

目前,多数车辆尤其是出租车配备了全球定位系统接收器,用于记录车辆的实时位置信息,也称为轨迹点数据,一般包括反映位置的经纬度信息以及属性信息,如记录时间、车辆朝向、车辆速度、车辆表示等。车辆行驶过程中记录的轨迹点序列构成了车辆轨迹数据,其完整记录了车辆的行驶路径,能够反映其通行道路的几何特征,基于轨迹点的前后顺序还能够用于判断道路之间的拓扑关系,同时,车辆轨迹数据蕴含的隐含动力学特征支持不同行驶模式的挖掘。

车辆轨迹作为位置大数据,不仅具有时空大数据海量(volume)、更新快(velocity)、来源多样(variety)、价值度低(value)的"4V特征",还包括其自身固有的特点,如噪声大、空间分布不均、采样间隔大等。

(1) 噪声大

系统误差以及位置点漂移现象的存在,使得轨迹点之间的连线跨越非道路区域形成干扰道路生成的噪声。其中,系统误差是指轨迹点采集设备的精度受限或者是软硬件错误问题,造成数据错误和同一时间重复记录轨迹点。位置点漂移主要发生在信号被周围地物遮挡的区域,如高层建筑附近、立交桥下方等,此时设备不能正确记录位置点信息,产生一些远离当下真实位置的漂移点。

(2) 空间分布不均

由于不同等级道路的交通承载力不同,一般主路、快速路车流量较大,轨迹点分布也相对密集,而支路的车辆通行量较低,轨迹点相对稀疏。造成难以同时提取研究区域的高等级道路和低等级道路,如在轨迹点稀疏区域的支路,无法判断其是否是噪声,即使判断为道路,也难以提取道路的完整形态。

(3) 采样间隔大

车载定位系统出于经济性考虑,一般采样频率较低,且不同设备之间的采样频率不同,同时由于信号丢失等还会造成连续采样点之间的距离过大。

虽然轨迹数据具有以上不足之处,但考虑到车辆轨迹具有较高的道路覆盖率,还是将车辆轨迹作为研究所应用的数据源之一。

2.2.1.2 遥感影像及特征

遥感影像以影像的形式实现对地理信息的快速收集,具有覆盖范围广、更新频率快的特点。并且随着遥感影像分辨率的不断提高,为道路信息提取提供了更为丰富的数据支撑,但是其遥感影像遮挡、同物异谱以及同谱异物三个特征也为目标提取带来了一定的干扰。

(1) 遮挡

一方面,遥感影像的图像质量受天气的影响,只有万里无云的情景下获取的图像最为清晰,不受云雾的干扰。另一方面,受周围地物的影响,道路区域会被地物以及其阴影所遮挡。

(2) 同物异谱

道路材质多样,不同类型道路显示出不同的辐射特征。

(3) 同谱异物

高层建筑物的屋顶以及沟渠等细长地物,易与道路具备相同的辐射特征,且几何形态近似,极易混淆。

2.2.2 多源数据的独立性、冗余性与互补性

车辆轨迹和遥感影像作为道路信息提取的重要数据源,二者在道路信息提取上既相互独立也存在信息冗余,同时能够信息互补。

在独立性方面,车辆轨迹和遥感影像均可以作为独立的数据源实现道路交叉口识别。

在冗余性方面,基于车辆轨迹的交叉口提取方法,可以利用交叉口处轨迹特有的空间位置特征(如路段交汇处)和动态连接特征(如大转向点),但是由于车辆轨迹空间分布不均匀,无法识别轨迹稀疏区域的交叉口,且存在将大转弯区域的道路误识别为交叉口的情况;遥感影像覆盖面广,影像上的道路交叉口具有其特有的几何特征与纹理特征支持道路交叉口的提取,但是在场景复杂或受遮挡的区域,交叉口识别困难。也就是说,对于特征显著的交叉口,不论是使用车辆轨迹还是遥感影像,都能够有效提取,即两数据源之间存在冗余信息。

在互补性方面,使用车辆轨迹可以解决遥感影像中交叉口受其他地物影响而无法提取的问题,如图 2-7 最右侧方框所示,遥感影像可以补充在轨迹稀疏或缺失处的交叉口信息,如图 2-7 其余方框所示。

2.2.3 车辆轨迹-遥感影像数据集介绍

目前在从道路提取到的图像分割任务中,基于车辆轨迹或者遥感影像单一数据源都存在大量的公共数据集。公共车辆轨迹包括来源于微软研究院的 T-Drive Taxi Trajectories[105],交通运输部提供的交通出行大数据开放云平台,纽约出租车与轿车委员会提供的 NYC TLC Trip Record Data 以及一些比赛与研究团队提供的车辆轨迹数据集等。同时,遥感影像公共数据集有 Massachusetts[106]、DeepGlobe[107]、Cheng[72]等数据集。但是集成车辆轨迹与遥感影像用于道路信息提取的公共数据集并不多,仅有 H. Wu 等[13]制作的葡萄牙波尔图市数据集(图 2-8)。其中的轨迹是开源数据,包含 442 辆公共出租车 2013 年 7 月到 2014 年 6 月底一整年的轨迹数据。遥感影像数据通过谷歌地图 API 获取,空间分辨率为 1 m/像素,对应的真值道路栅格图基于 OpenStreetMap 数据生成,道路宽度统一表示为 10 像素(对应实际 10 m)。

在波尔图市数据集的基础上,本书还整理了三套车辆轨迹-遥感影像数据

(a)

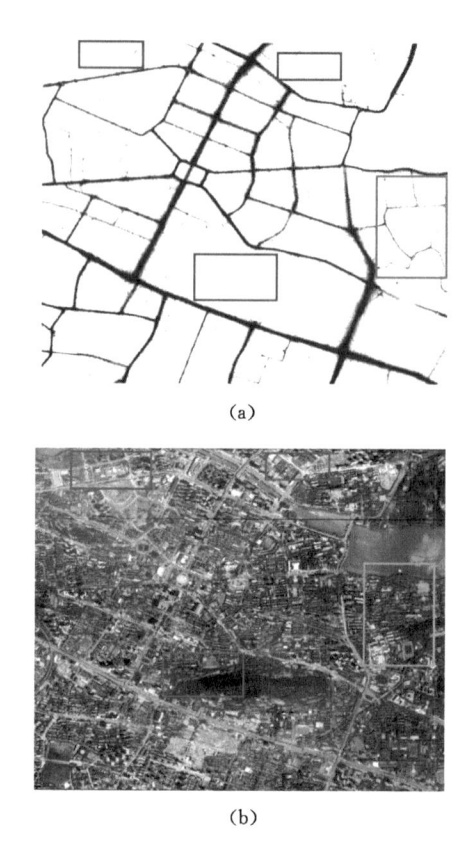

(b)

图 2-7　车辆轨迹与遥感影像关于道路的互补性

(a) 遥感影像

图 2-8　波尔图市数据集

(b) 轨迹

(c) 真值

图 2-8 （续）

集,其中遥感影像均来源于谷歌地图 API(zoom = 18),空间分辨率大致为 0.5 m。

车辆轨迹数据来源包括出租车与普通车辆,具体来说,用于交叉口和道路提取研究的车辆轨迹数据均来自出租车(图 2-9)。① 武汉出租车数据为武汉市内 2014 年 5 月 29 日至 2014 年 6 月 7 日连续 10 d 的数据,每天的数据量约为 2 000 条,每条轨迹数据为单个出租车一天的行驶数据,采样时间间隔约为 20 s,总容量达 1.6 GB。② 北京出租车数据,是第一届大数据技术创新与创业大赛提供的开源数据,包含北京市 2012 年 11 月 1 日至 12 月 1 日连续 31 d 的 12 000 辆出租车的轨迹数据,五环内出租车轨迹点覆盖率约为 70%,采样间隔约为 1 min,总数据量为 50 GB。

用于立交桥精细结构提取的数据为精度较高的北京车辆轨迹数据,相比出租车数据采样频率较高,约为 5 s,包含 2021 年 1 月 21 日至 1 月 27 日共计 7 d 的轨迹数据。

(a) 遥感影像（武汉出租车数据集）　　(b) 遥感影像（北京出租车数据集）

(c) 轨迹（武汉出租车数据集）　　(d) 轨迹（北京出租车数据集）

(e) 真值（武汉出租车数据集）　　(f) 真值（北京出租车数据集）

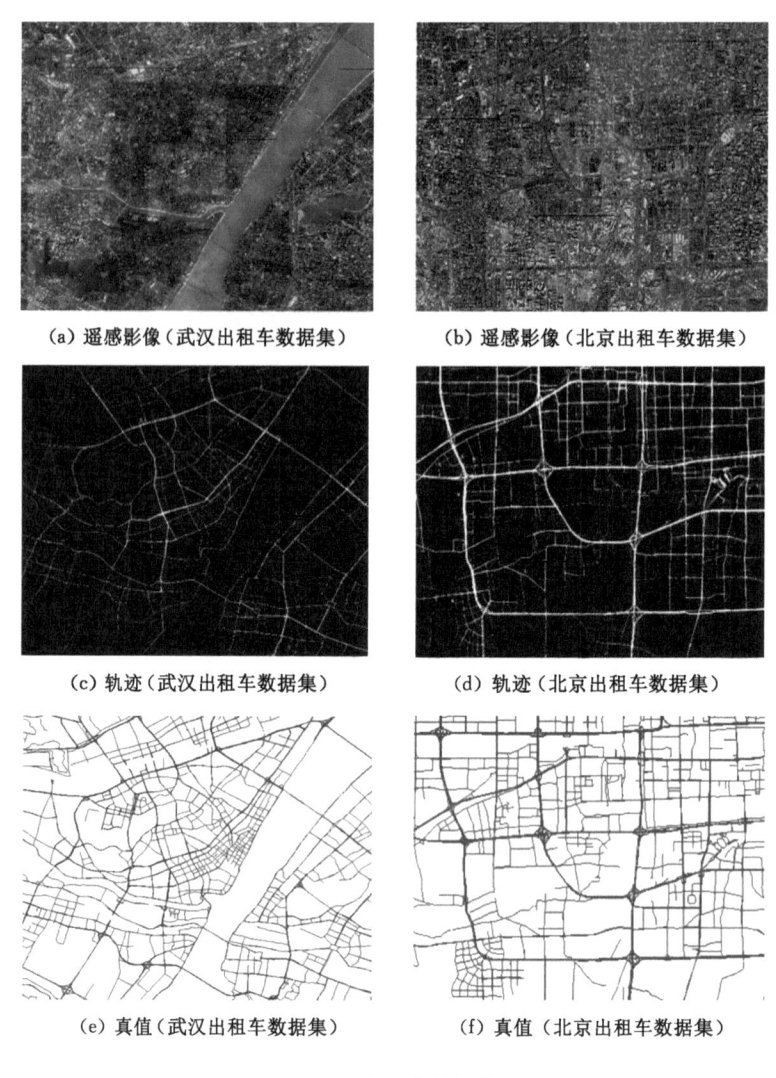

图 2-9　出租车数据集

2.2.4　多源数据预处理

2.2.4.1　车辆数据预处理

考虑到车辆轨迹易受周围地物干扰和伴有噪声甚至错误，不同来源的车辆数据的属性计算方法不尽相同，车辆轨迹的表现形式不宜直接作为道路信息提取的输入，本书从属性项计算、去噪以及轨迹点栅格化三个方面对车辆轨迹进行预处理。

(1) 属性项计算

由于车辆轨迹来源多样,不同来源的车辆轨迹属性个数、定义以及计算方法也不一致,如对轨迹点在采样时的车辆行驶方向,即轨迹点朝向的定义与计算方法不同,或是缺乏速度、朝向等属性信息。而本书在进行交叉口、道路以及复杂交叉口的计算时需要应用速度和朝向信息,为此将轨迹点 Ptra 定义为包含车辆 ID(id)、时间戳(t)、经度(lon)、纬度(lat)、速度(s)以及朝向(o)等属性的空间位置点,并统一规定了车辆轨迹数据集中轨迹点速度和朝向的定义与计算方法,用以补充或更正现有轨迹点中的速度和朝向属性(图 2-10)。

$$\mathrm{Ptra} = \langle \mathrm{id,t,lon,lat,s,o} \rangle$$

本书将轨迹点速度定义为当前轨迹点 Ptra1 与其后的轨迹点 Ptra2 之间的空间距离 D 与时间间隔 t_2-t_1 的比值。

$$s = D/(t_2 - t_1) \tag{2-1}$$

式中,D 为应用半正矢公式[108]计算两点之间的球面距离,如下所示:

$$D = 2R a\tan 2(\sqrt{b}, \sqrt{1-b}) \tag{2-2}$$

$$b = [\sin^2(\mathrm{lat2} - \mathrm{lat1}/2)] + \cos(\mathrm{lat1}) * \cos(\mathrm{lat2}) * (\mathrm{lon2} - \mathrm{lon1}/2) \tag{2-3}$$

式中,R 为地球半径,$R=6\ 371$ km。

现有研究中针对轨迹点朝向的定义有很多种,如 S. Dabiri 等[109]将轨迹点朝向定义为连续两个轨迹点之间的连线与正北方向的夹角。王冬等[110]将其定义为当前轨迹点与其前后两个轨迹点连线夹角的角平分线与正北方向的夹角。本书采用 Dabiri 对轨迹朝向 θ 的定义,按照以下公式对所有轨迹的朝向进行统一计算。

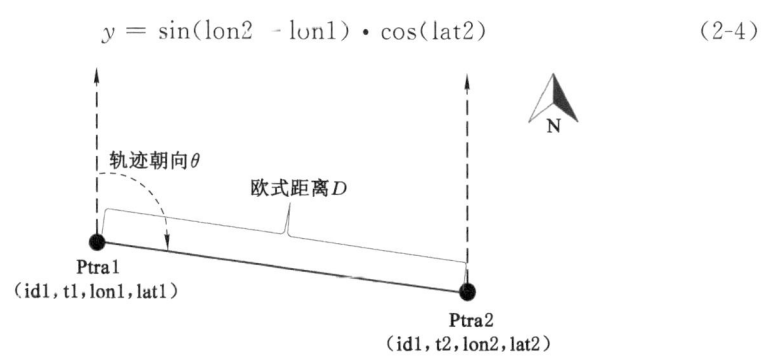

$$y = \sin(\mathrm{lon2} - \mathrm{lon1}) \cdot \cos(\mathrm{lat2}) \tag{2-4}$$

图 2-10 轨迹点速度、朝向定义示意图

$$x = \cos(\text{lat1}) \cdot \sin(\text{lat2}) - \sin(\text{lat1}) \cdot \cos(\text{lat2}) \cdot \cos(\text{lon2} - \text{lon1})$$
(2-5)

$$\theta = \arctan(y, x) \tag{2-6}$$

（2）去噪

在车辆轨迹去噪方面，主要包括对轨迹异常点剔除、重复项剔除、停留点提取和轨迹分段。

① 异常点剔除

异常点是指偏离道路的轨迹点，一般情况下轨迹点集聚在道路区域，且道路区域的轨迹点密度大于非道路区域的轨迹点密度，故本书通过核密度分析方法，将密度小的轨迹点视为噪声，并将其剔除。城市区域的车辆行驶速度一般不大于 120 km/h，故剔除大于该速度阈值的轨迹点[111]。

② 重复项剔除

重复项包括时间戳重复和位置重复两种，其中，时间戳重复是指相邻采样点的时间戳相同。位置重复是指相邻采样点位置相同或者小于距离阈值，本书将距离阈值设为 10 m。

③ 停留点提取

车辆出现停驻行为时，车辆轨迹点在其真实位置处周围出现无规律分布的现象，这对真实道路位置的提取造成很大的干扰。为此本书采用停留点提取方法，将停留对应的子轨迹抽象为一个虚拟的轨迹点，并以此替代原有的子轨迹。本书应用向隆刚等[112]提出的基于核密度的轨迹停留检测方法，进行代表性停留点提取。该方法共分为轨迹点停留指数计算、潜在停留段探测、停留段合并、停留点提取四个步骤。

首先，轨迹点停留指数用于反映车辆在某一局部范围内的停留时间，其计算累计每一个邻域点的时空贡献，其中邻域点时空贡献是指带有空间权重的逗留时间；其次，潜在停留段是包括一个及一个以上的高停留指数轨迹点的集合；再次，潜在停留段探测依据反映通行时间的潜在停留段判别阈值。停留段合并应用逐级合并的方法，是指将一个完整的停留所包含的多个潜在停留段合并到一起；最后，停留点提取是计算合并后的停留段中所有轨迹点的几何中心。

④ 轨迹分段

车辆轨迹点可能会出现丢失的情况，如车辆在经过隧道时无法正常接收信号，经过上述去噪步骤也会造成部分轨迹点的缺失。针对这种情况，应用轨迹分段的方式进行处理。具体来说，计算相邻轨迹点之间的欧式距离与时间间隔。若距离间隔大于 1 000 m 或时间间隔大于 20 s，则认为此处的轨迹点记录存在遗漏现象，将轨迹从两点之间打断，形成两条新的轨迹。

(3) 轨迹点栅格化

车辆轨迹栅格化是指将原始轨迹点形式的离散数据转换为栅格图像,以使轨迹栅格图可以与遥感影像同时作为图像分割任务的输入。本书通过映射的方式将表示轨迹点位置信息的经纬度坐标(lon,lat)转换为栅格图,其中,栅格图用函数 $F(x,y)$ 表示,x,y 分别为图像中的行号与列号,图像任一位置 (x,y) 的灰度值用其对应的函数值 $F(x,y)$ 表示,F 可用于计算不同轨迹特征图,如密度图、速度图等。轨迹点经纬度坐标(lon,lat)与图像的像素点 (x,y) 的映射关系式如下:

$$x = \text{floor}[(\text{lon} - \text{Lon}_{\min}) \cdot \text{Interval}_{\text{lon}}] \qquad (2\text{-}7)$$

$$y = \text{floor}[(\text{Lat}_{\max} - \text{lat}) \cdot \text{Interval}_{\text{lat}}] \qquad (2\text{-}8)$$

式中,$\text{Lon}_{\min}$ 和 $\text{Lat}_{\max}$ 分别表示研究区域的最小经度值与最大纬度值。$\text{Interval}_{\text{lon}}$ 和 $\text{Interval}_{\text{lat}}$ 分别表示每个经度对应的像素个数与每个纬度对应的像素个数。

2.2.4.2 遥感影像预处理

遥感影像的地物信息丰富,为了更好地突出道路信息从突出道路与外部环境差异性以及保持道路内部一致性两个方面进行预处理。

(1) 突出道路与外部环境差异性

不同地物的像元之间的光谱差异越大,越有利于提取特定地物。因此,首先采用图像增强的算法对图像进行处理。常用方法包括直方图均衡化和局部对比度增强两种。前者是一种全局图像增强,通过建立图像与输出图像的直方图映射函数实现,该方法会导致局部区域合并,损失大量细节信息;后者是一种具有局部对比度增强方法,通过放大图像中的高频部分实现。其核心是计算高频部分的放大系数,以达到局部自适应增强效果。局部对比度增强算法在增大地物之间对比度的同时,保留局部信息的一致性,因此本书选用其作为图像对比度增强算法。

(2) 保持道路内部一致性

遥感影像丰富的细节信息给道路提取带来了一定的干扰,如道路上的车辆、斑马线等信息对道路形成遮挡,造成道路面的提取结果出现孔洞或者断裂等。为了解决上述问题,本书应用灰度形态学对小型路面遮挡物进行去除,灰度形态学是将膨胀、腐蚀、开运算以及闭运算等操作扩展到灰度级图像。$f(x,y)$ 定义为灰度图像,$b(x,y)$ 定义为结构元。结构元作为探测器检测灰度图像的特定的性质。以下是对灰度形态学算法的定义。

形态学膨胀利用结构元对图像 f 的所有位置 (x,y) 进行膨胀,用以消除孔洞。结构元 b 对图像 f 位置 (x,y) 的膨胀定义为:

$$[f \oplus b](x,y) = \max_{(s,t)\in b}\{f(x-s,y-t)\} \qquad (2\text{-}9)$$

形态学腐蚀利用结构元 b,对图像 f 的所有位置 (x,y) 进行腐蚀,用以消除小面积的噪声。结构元 b 对图像 f 位置 (x,y) 的腐蚀定义为:

$$[f \ominus b](x,y) = \min_{(s,t)\in b}\{f(x+s,y+t)\} \qquad (2\text{-}10)$$

形态学开运算先利用结构元 b 对图像 f 腐蚀,然后对结果用结构元 b 进行膨胀。

$$f \circ b = (f \ominus b) \oplus b \qquad (2\text{-}11)$$

形态学闭运算先利用结构元 b 对图像 f 膨胀,然后对结果用结构元 b 进行腐蚀。

$$f \bullet b = (f \oplus b) \ominus b \qquad (2\text{-}12)$$

形态学顶帽(top-hat)变换用于检测比原图中邻近像素都亮的像素,顶帽变换定义为 f 减去其开操作,从而得到开操作消去的峰顶:

$$T_{\text{hat}}(f) = f - (f \circ b) \qquad (2\text{-}13)$$

形态学底帽变换(bottom-hat)用于突出比原图中轮廓周围更暗的像素。底帽变换运算定义 f 的闭操作减去 f,从而得到被闭操作填充的谷底:

$$B_{\text{hat}}(f) = (f \bullet b) - f \qquad (2\text{-}14)$$

以上形态学操作在遥感影像图像处理中能够起到不同的效果,并且组合使用去障碍物效果更佳。如针对遥感影像中路面上的白色车辆,可以使用形态学开运算以及顶帽变换去除。针对黑色车辆或小阴影可以使用形态学闭运算以及底帽变换进行去除,针对细长的白色车道线也可以使用形态学开运算去除。

2.3 数据集制作

2.3.1 基于 GeoServer 的数据集制作

深度学习网络的质量取决于数据规模与质量,目前针对各类任务,如图像分割、图像分类或者目标检测,国际上都有大量开源的数据集,如在道路提取的图像分割任务中,基于车辆轨迹或者基于遥感影像单一数据源都存在大量的公共数据集。但是针对联合车辆轨迹与遥感影像的道路分割任务的数据集很少,使得生成的模型难以具有泛化性。对此,个性化的快速制作满足任务需求的数据集十分重要,如在道路信息提取任务中,真值一般基于矢量道路数据生成,在制作包含车辆轨迹、遥感影像以及道路真值的数据集时,需要结合以上数据的特点,对轨迹栅格图、遥感影像以及道路真值同时进行切片处理。

考虑到 GeoServer 能够用于发布地图服务，并且提供了编辑、更新、删除、插入等接口方便用户对地图数据进行处理[113]。因此可以借助 GeoServer 对道路矢量线数据和道路交叉口点数据进行栅格化，自动生成任意分辨率的大规模道路真值图，并结合轨迹栅格图和遥感影像进行切片，从而高效生成用于深度学习网络的数据集。

根据图 2-11 所示基于 GeoServer 的数据集构建主要分为以下几个步骤：

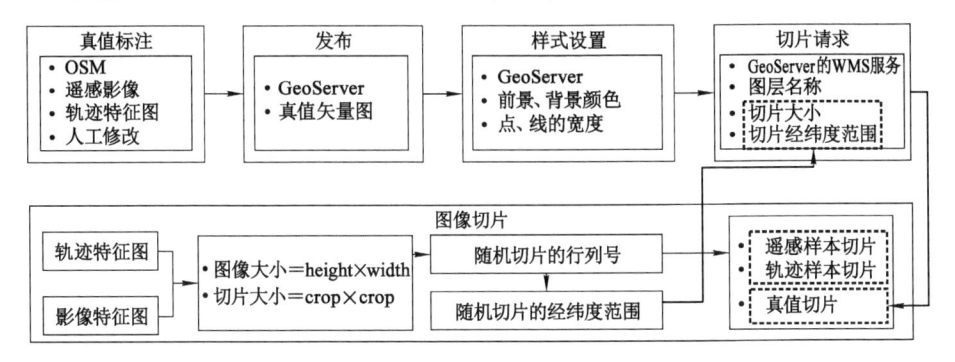

图 2-11 数据集构建流程图

（1）真值标注

在本书道路交叉口的获取以及道路提取两个实验中需要准备数据集，以作为深度学习网络的输入。其中道路真值选用 Openstreet map 的城市道路图作为底图，基于遥感影像与轨迹栅格图以人工编辑的方式对其进行修改后，分别生成道路线状矢量数据和道路交叉口点状矢量数据。

（2）真值矢量数据发布

将矢量格式下的道路数据与道路交叉口数据发布到 GeoServer 设置好的工作区中，工作区按照轨迹数据来源命名，即一个工作区下包括一个线状道路图层和一个点状道路交叉口图层。

（3）样式设置

在 GeoServer 中分别设置道路真值和道路交叉口真值的样式，包括真值颜色、背景颜色、道路真值的线宽度、道路交叉口真值的半径。

（4）切片请求

利用 GeoServer 的 WMS 服务，根据请求矢量真值的图层名称、研究区域的经纬度范围以及真值图像所需的栅格化分辨率分别得到道路真值图和道路交叉口的真值图像（图 2-12）。

（5）图像切片

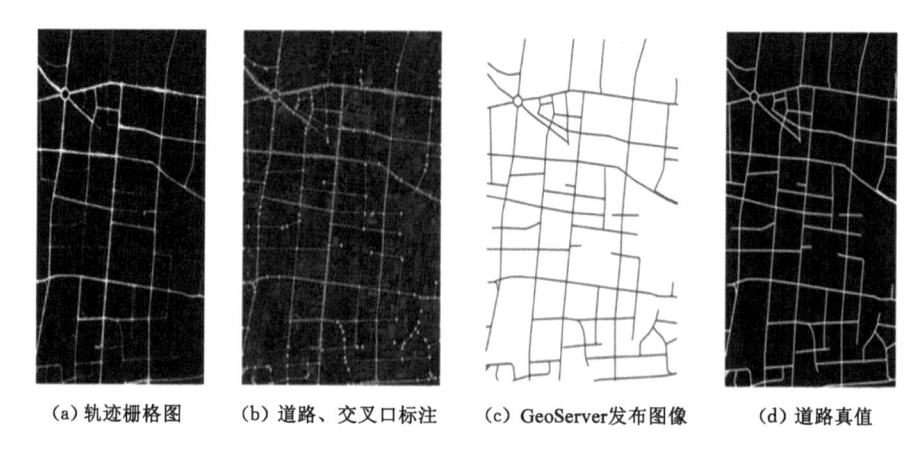

(a) 轨迹栅格图　　(b) 道路、交叉口标注　　(c) GeoServer 发布图像　　(d) 道路真值

图 2-12　数据集制作过程

基于相同分辨率的轨迹特征栅格图、遥感影像以及 GeoServer 的 WMS 服务提供的道路以及道路交叉口的真值栅格图像同时进行切片,以获取大小一致的图像组成的训练对。其中,轨迹栅格图切片和遥感影像切片基于给定的任意像素的行列号 (h, w) 和切片大小 $(crop \cdot crop)$ 计算得到;真值切片根据真值的图层名称、真值样式以及切片的经纬度范围通过 WMS 服务基于 GeoServer 下载得到,其中真值切片的经纬度范围 $(Lon_{min}^{crop}, Lon_{max}^{crop}, Lat_{max}^{crop}, Lat_{min}^{crop})$ 根据图像的左上角经纬度坐标 (Lon_{min}, Lat_{max})、任意像素点的行列号 (h, w)、图像的大小 $(height \cdot width)$ 以及切片大小 $(crop \cdot crop)$ 计算得到,计算公式如下:

$$Lon_{min}^{crop} = Lon_{min} + w \cdot crop \cdot \frac{Lon_{max} - Lon_{min}}{width} \tag{2-15}$$

$$Lon_{max}^{crop} = Lon_{min}^{crop} + crop \cdot \frac{Lon_{max} - Lon_{min}}{width} \tag{2-16}$$

$$Lat_{max}^{crop} = Lat_{max} - h \cdot crop \cdot \frac{Lat_{max} - Lat_{min}}{height} \tag{2-17}$$

$$Lat_{min}^{crop} = Lat_{max}^{crop} - crop \cdot \frac{Lat_{max} - Lat_{min}}{height} \tag{2-18}$$

数据集示例如图 2-13 所示。

2.3.2　数据集扩充

深度学习模型的训练效果取决于训练集的质量与规模,训练集的正负样本比例失衡或者数据规模较小都会造成网络模型泛化能力不足。然而制作用于提取道路信息的数据集成本较大,数据集有限是实际训练中的常见问题。因此,在有限的数据基础上应用合适的策略来充分发挥其能力,是应用深度学习技术时

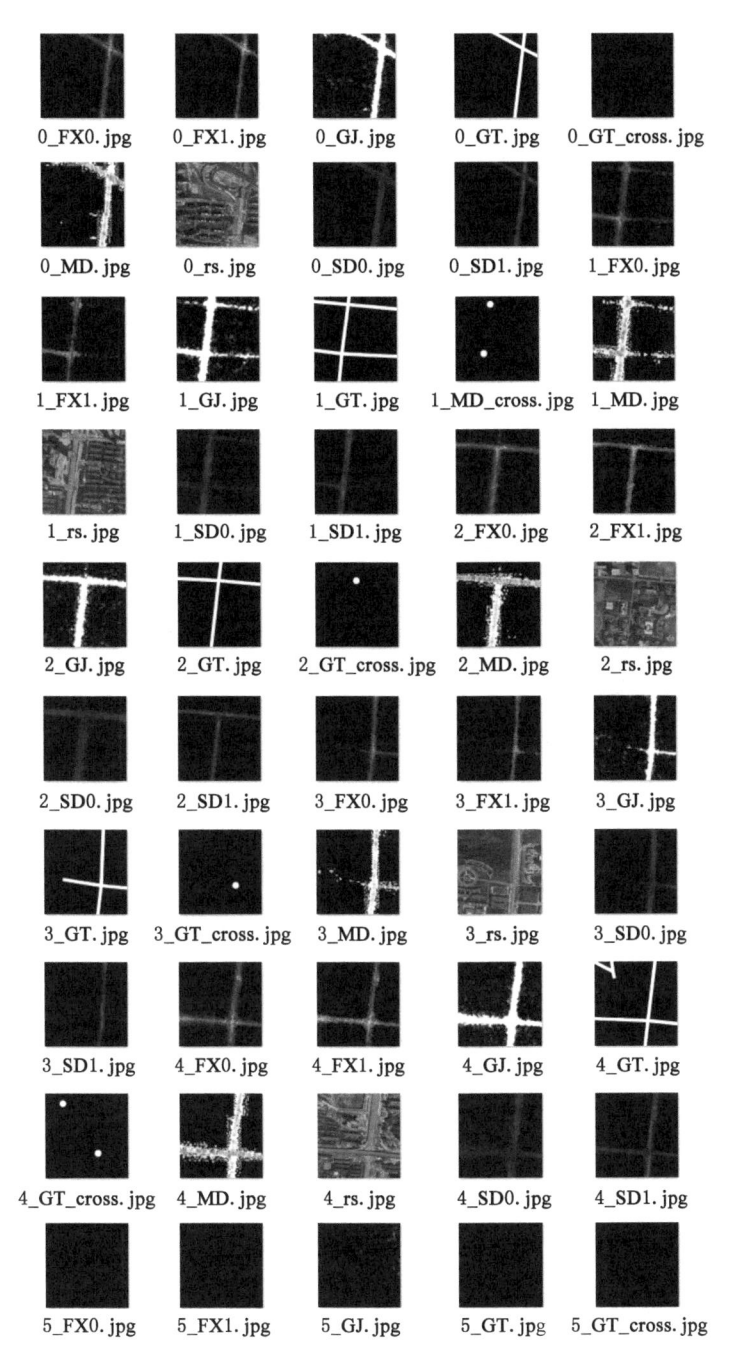

图 2-13 数据集示例

需要重点关注的内容。

本书采取人工数据集扩充的策略,以增加训练集数量,从而提升网络模型性能,避免过拟合。考虑视角变化会带来图像形态域变换,可对样本进行旋转、裁剪、尺度变换以及多方向的翻转变换以扩大训练集规模。此外,考虑到光照影响遥感影像的地物识别,可采用色彩抖动对遥感影像的对比度、饱和度以及亮度进行随机变换。但需要注意的是,在数据扩充时,采用的扩充手段得到的图像应符合实际意义,例如对人脸采用垂直翻转的数据扩展操作毫无意义,因为现实中几乎不存在倒立的人脸。

道路信息提取任务中,道路或道路交叉口可以存在任意走向,故对轨迹特征图与遥感影像均可使用基于形态域变换的数据扩充。遥感影像为彩色图,而轨迹特征图以灰度图的形式呈现,故可对遥感影像使用色彩抖动策略。本书所采用的形态域变换方法如图 2-14 所示,包括随机裁剪、水平翻转、垂直旋转以及逆时针旋转 90°,使得数据量相对初始的扩充 16 倍。

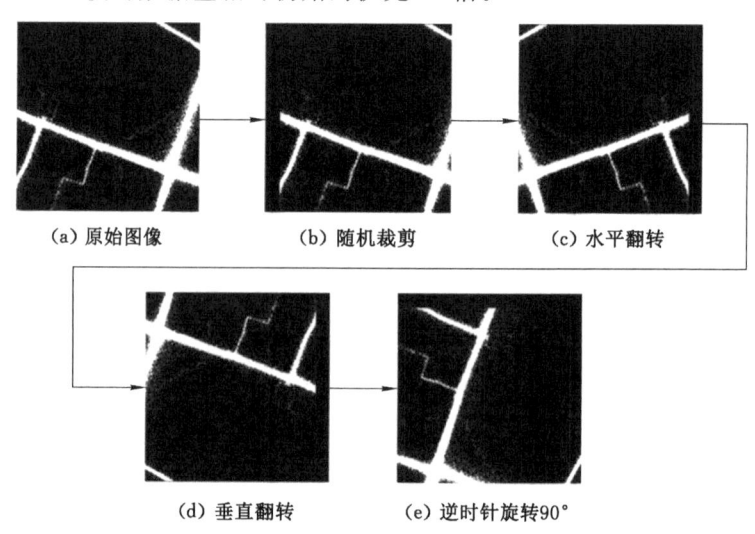

图 2-14 形态域变换过程示意图

2.4 本章小节

通过梳理本书所应用的深度学习技术,多源数据的特点与预处理方法,以及针对大规模、高分辨率数据集的快速制作提出解决方案,不仅为道路交叉口、道路以及立交桥的自动提取奠定了理论基础,也提供了数据与方法上的支持。

3 多模集成的城市交叉口识别

道路交叉口作为路网的节点,是路网的核心要素,起到了连接路段和承载转向的重要作用[20]。交叉口点位置的有效获取,是构建中心线级路网的前提与基础。然而道路交叉口结构复杂、形态多样、大小不一,且相邻交叉口可能相距较近,使得提取道路交叉口是一项非常具有挑战性的工作[114]。并且已有的基于车辆轨迹的交叉口识别方法,能够有效识别道路稀疏区域中高轨迹点覆盖率的轨迹交叉口,但是难以应用于路网密集、结构复杂或轨迹点覆盖率低的区域的交叉口识别。已有的基于遥感影像的提取方法,可以获取背景简单且无遮挡区域具有特征显著的交叉口,但难以应用于复杂场景或有遮挡区域的交叉口识别。

为了提高城市道路交叉口位置点识别的完备性与正确性,本章将通过融合车辆轨迹与遥感影像,采用多模集成学习技术,通过多阶段融合多元特征,实现交叉口真值标签的自动生成与扩充以及交叉口提取,从而减少了人工标注成本,提高了交叉口识别的自动化程度,克服了单源数据交叉口描述能力不足的限制。其中,车辆轨迹与遥感影像能够从不同维度对交叉口进行描述,且二者获取的交叉口信息既存在冗余信息,也存在互补信息,是本章集成非监督技术、半监督技术与监督技术等多模学习技术的前提。具体来说,非监督技术能够通过融合多元方法提高交叉口获取精度;半监督技术通过两个关于交叉口独立且冗余的视图,能够获取互补信息,从而达到扩大训练集规模和提高模型精度的效果;监督技术通过对两个模型结果的自适应融合策略,集成两个模型的优势,提高结果的置信度。

本章的技术路线如图 3-1 所示,在种子交叉口提取阶段,基于无监督技术,利用车辆轨迹的空间分布特征、隐含的动力学特征以及遥感影像的视觉特征,分别采用形态学法、聚类法以及张量投票法进行交叉口提取,并融合多元方法结果获取高置信度的种子交叉口,并据此生成小样本集;在协同训练阶段,基于半监督技术分别构建车辆轨迹与遥感影像的交叉口分类器,并通过对两个分类器进行初步训练后,对无标签数据进行概率预测,从中选择高置信度的伪标签加入训练集,再次对两分类模型进行训练,如此迭代多次,以优化两分类器彼此的性能;在集成阶段,自适应融合两分类模型的结果作为最终的交叉口提取结果。

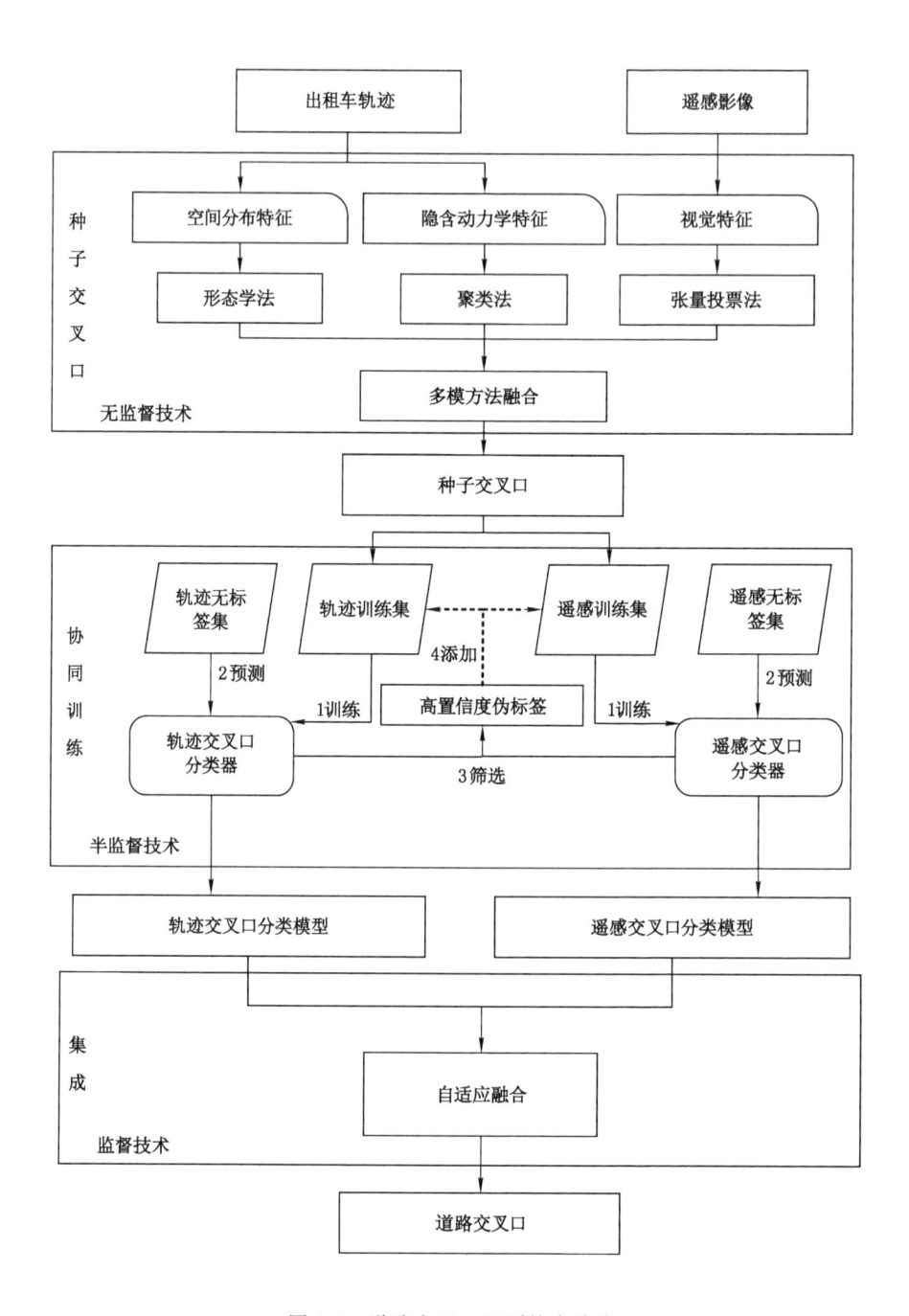

图 3-1 道路交叉口识别技术路线

3.1 种子交叉口提取

考虑到深度学习模型的效果取决于训练集的规模与质量,而手动标注样本存在人为主观性且耗时烦琐[115],采用多元技术集成方法获取高置信度的种子交叉口作为标注。具体来说,通过分析车辆轨迹和遥感影像关于交叉口的多模特征,设计多元提取方法并进行结果融合,获取少量种子交叉口,据此形成小样本集。需要注意的是,为确保种子交叉口的正确性,在其提取过程中遵循"真交叉口可遗漏,伪交叉口不可引入"的原则。

3.1.1 多源数据的道路交叉口特征分析

3.1.1.1 车辆轨迹的交叉口特征分析

车辆轨迹既包括道路几何形态特征,也包括隐含的动力学特征,为此,从两个角度构建车辆轨迹的交叉口特征。

(1) 道路几何形态特征

车辆的道路几何形态特征是指车辆轨迹数据能够直接反映道路网络几何分布。而道路交叉口在路网的几何形态上表现为两条或两条以上的道路实体交汇衔接区域,因此可以利用交叉口这一几何特征,采用先提取道路再检测路段交汇区域的方法进行交叉口提取。

(2) 隐含动力学特征

考虑到车辆在交叉口区域受道路物理结构和车辆交汇的影响,易发生行驶状态的变化,如变道行为、转向行为、驻停行为以及减速行为等,使得轨迹点的隐含动力学特征也随之发生变化,如变道和转向造成的连续轨迹点的朝向发生改变,驻停造成交叉口区域轨迹点密度较大等。

3.1.1.2 遥感影像交叉口特征分析

遥感影像中道路交叉口轮廓特征不明显,且交叉口自身结构复杂、形态多样,基于遥感影像直接识别较困难。相比道路交叉口,道路二值图分割技术相对成熟,且交叉口在道路二值图中呈现明显的球形显著结构。可在文献[11]的基础上进一步发展两阶段式交叉口提取方法,即首先获取道路二值图后再检测交叉口。

3.1.2 多源数据多元道路交叉口提取方法

基于上述道路交叉口特征分析,发展了三种道路交叉口提取方法,分别为面向轨迹几何特征的形态学方法、面向轨迹隐含动力学特征的聚类方法、面向影像显著性特征的张量投票方法。

3.1.2.1 面向轨迹几何特征的形态学方法

形态学方法是一种面向栅格空间的计算方法,其核心思想是应用结构元素执行膨胀、腐蚀、开运算、闭运算、细化等组合操作,提取道路骨架线。基于形态学的交叉口提取方法共包括道路二值图生成、二值图预处理、结构元素设计、形态学操作组合、交叉口提取等步骤。

(1) 道路二值图生成

反映道路几何形态的道路二值图是交叉口识别的基础,因此,首先进行道路二值图生成。具体为:将研究区域的轨迹点栅格化后通过统计每个像素内轨迹点个数的方式为像素赋值 P_{value},若轨迹点个数 num_{tra} 大于设定阈值 C,则赋值 255,否则赋值 0。需要注意的是,若阈值设置过小,会引入噪声;阈值设置过大,得到的道路像素点的可信度较高,但是也会造成轨迹点分布较为稀疏的道路的缺失。为了保证交叉口的精确度,此处选择相对较大的阈值。

$$P_{value} = \begin{cases} 255 & (num_{tra} \geqslant C) \\ 0 & (num_{tra} < C) \end{cases} \tag{3-1}$$

(2) 二值图预处理

二值图预处理从两个方面进行:一方面是对二值图像进行平滑处理,在填补孔洞的同时减少噪声。具体为:按照像素邻域内的像素个数最多的类别,对其自身的像素值进行修改。例如,像素自身为非道路,但是其邻域内的道路像素个数多于非道路像素个数,那么将像素修改为道路,即将 0 修改为 255;另一方面是道路边缘修整。考虑直接采用形态学处理道路二值图,易因道路边缘不平整而得到包含大量毛刺的道路中心线,从而带来大量的伪交叉口。为了去除毛刺,先利用 Roberts 边缘算子提取道路边缘,再将其从二值图中剔除,从而获取具有平滑边缘的道路二值图。

(3) 结构元素设计

元素设计以面状为主,且本着真交叉口可遗漏而伪交叉口不可引入的原则,开运算采用较大结构元素,以消除小面积区域,提高道路的置信度。

(4) 形态学操作组合

按照开运算、闭运算以及细化的顺序,对二值图进行形态学处理,以获取一个像素宽度的道路中心线。

(5) 交叉口提取

最后逐个计算组成道路中心线像素的连通度,将连通度大于 2 的像素标记为交叉点后,通过矢量化获取其经纬度坐标(Lon_p, Lat_p)。其中,连通度的定义为某像素八邻域内像素值不为 0 的像素个数(图 3-2)。

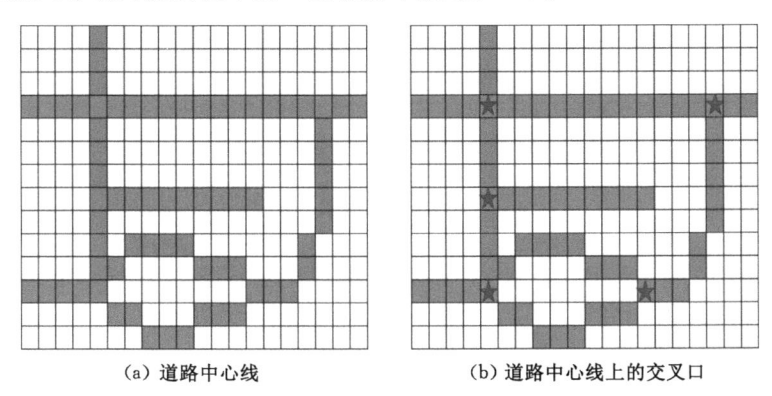

(a) 道路中心线　　　　　(b) 道路中心线上的交叉口

图 3-2　基于道路中心线的交叉口提取

交叉口点的矢量化需要研究区域的经纬度(Lon_{min}, Lon_{max}, Lat_{min}, Lat_{max})、像素的行列号(h, w)以及图像的大小(height·width),计算方式如下:

$$Lon_p = Lon_{min} + w \cdot (Lon_{max} - Lon_{min})/width \quad (3-2)$$

$$Lat_p = Lat_{max} - h \cdot (Lat_{max} - Lat_{min})/height \quad (3-3)$$

3.1.2.2　面向轨迹隐含动力学特征的聚类方法

通过轨迹点隐含动力学特征的变化可以有效识别交叉口区域的轨迹点,再根据聚类方法能够有效提取聚类中心,即交叉口中心点的位置。其中位于交叉口区域的轨迹点按照大转向角筛选,即通过限制连续采样点速度和距离,提取两点之间转向角大于 45°的轨迹片段。考虑到交叉口识别采用的是出租车轨迹,其轨迹点间隔较大,得到的大转向角轨迹点多落在与交叉口相接的路段上,使得其聚类结果难以落在交叉口中心位置处[图 3-3(a)]。为此,采用文献[114]提出的反向交叉点代替大转向对,以确保多数待聚类点位于交叉口区域,但是从图 3-3(b)可以看出此时仍然存在大量的噪声,应用核密度去噪后再通过不受带宽影响且易计算的密度峰值法确定各聚类簇中交叉口点的位置。

3.1.2.3　面向影像显著性特征的张量投票方法

张量投票方法是一种经典的显著性结构特征的推理方法[115],而在道路二值图中,作为组成路网的交叉口和路段,分别呈现球状显著结构和棒状显著结构,均能够被张量投票方法有效检测,因此很多学者采用张量投票方法研究路网信息提取[11]。本章引入张量投票方法提取道路二值图中的交叉口,分为基于影像的道路提取和基于张量投票方法的交叉口检测两个步骤。

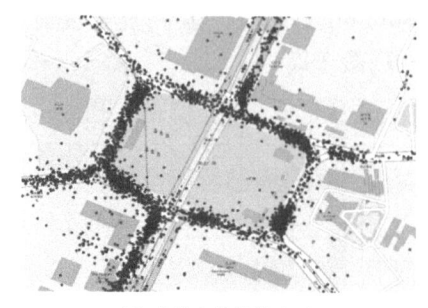

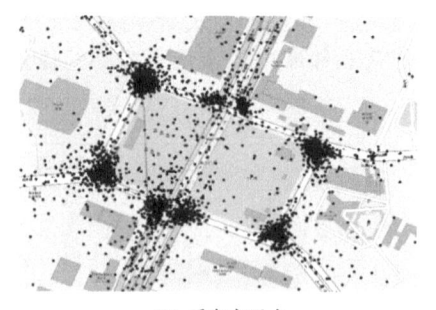

(a) 大转向角轨迹点对　　　　　　　(b) 反向交叉点

图 3-3　大转向角轨迹点对与反向交叉点的示意图

(1) 基于影像的道路提取

在道路二值图提取过程中,考虑到深度学习是基于遥感影像进行道路提取的主流技术,且效果远优于传统方法。为此,选择在CVPR2018 的 Deep Globe 道路识别竞赛中取得第一名的 D-LinkNet[65],采用其训练好的模型提取道路二值图。

(2) 基于张量投票方法的交叉口检测

应用张量投票方法检测交叉口的过程包括张量编码、非线性投票、张量分解、球状结构检测和交叉口点位置的提取。

道路二值图的张量编码,由于分割得到的道路二值图中的像素点没有方向性,因此,对所有道路像素点进行无方向性的球张量编码,即将每个道路像素编码为大小为 2 的单位矩阵。

非线性投票是对所有编码点进行稀疏投票和稠密投票。

张量分解,两次投票后,通过张量分解的计算公式(3-4)获取不同结构的显著性特征图,由于交叉口汇聚不同方向采样点的投票,将呈现出强球张量特征,而路段收集方向相近采样点的投票,将呈现出棒状张量特征。通过球状张量显著性检测,获取交叉口区域。

$$T = T_s + T_b = (\lambda_1 - \lambda_2)e_1 e_1^T + \lambda_2(e_1 e_1^T + e_2 e_2^T) \quad (3-4)$$

式中,T_s 为棒状张量分量;$\lambda_1 - \lambda_2$ 为棒状张量分量的显著性特征;T_b 为球状张量分量;λ_2 为球状张量分量的显著性特征;当 $\lambda_1 \approx \lambda_2 > 0$ 时,得到球状张量分量的显著性特征 λ_2。

交叉口点位置的提取,采用非极大值抑制法获取球状张量密集区域的局部极值,从而获取道路交叉口,再通过矢量化获取交叉口中心点的坐标。

3.1.3 种子交叉口提取

总的来说,上述多元交叉口提取方法可以分为两类:一类是将多个道路交汇区域判断为交叉口,包括面向轨迹几何特征的形态学方法和面向影像显著性特征的张量投票方法;另一类是将产生大转向角的区域判断为交叉口,如面向轨迹隐含动力学特征的聚类方法。然而仅基于其中一类方法获取的交叉口置信度较低,如一些空间中交叠的立交桥并不存在连通,弯曲状道路也存在大的转向对。但是若某区域基于上述两类方法均被判定为交叉口,那么该区域为真交叉口的置信度将大幅度提升。为此,设计下述融合策略来获取高置信度的种子交叉口:

(1)以轨迹动态特征聚类提取的交叉口位置作为基准点作半径为 R 的圆形缓冲区;

(2)统计缓冲区内基于车辆轨迹通过形态学处理和基于遥感影像通过张量投票方法检测出的交叉口数量;

(3)若缓冲区内的交叉口点个数大于 0,则计算它们的几何位置中心,作为种子交叉口点位置;

(4)若其缓冲区内交叉口点个数为 0,则舍弃该基准点。

3.2 车辆轨迹与遥感影像的协同训练机制

训练集规模是深度学习模型效果的重要保障,为了达到利用少量种子样本集学习出大量样本数据的目的,基于半监督学习思想,设计了协同训练机制来扩充道路交叉口的训练样本数量。首先利用少量种子样本集分别训练车辆轨迹和遥感影像两种不同的分类网络,并对无标签数据的置信度进行评估,其次将计算的高置信度输出加入训练集,对两个分类器更新训练,经过不断循环迭代,达到利用少量标签道路交叉口样本学习大量样本数据的效果,提升了两分类器的识别能力。

协同训练算法是一种半监督学习方法,训练过程中仅利用少量的带标签样本以及两个关于目标的独立且冗余视图,就可以将无标签数据自动标注为训练样本,使得大量无标签数据可以得到应用[117]。车辆轨迹和遥感影像提供了关于道路交叉口独立、冗余且互补的视图,且利用种子交叉口可以生成少量带标签的样本集。在此基础上,本书提出了车辆轨迹与遥感影像的协同训练与集成框架,如图 3-4 所示。

基于车辆轨迹数据和遥感影像的道路交叉口提取的协同训练机制分为三个阶段:训练阶段、预测更新阶段、集成阶段。

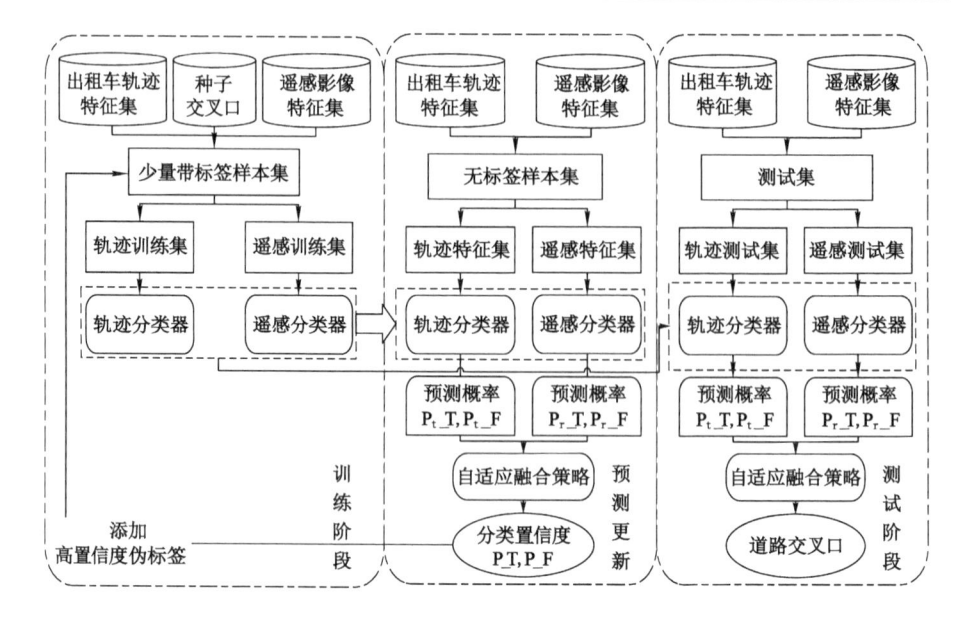

图 3-4　协同训练与集成识别框架

在训练阶段,应用轨迹训练集和遥感训练集训练两个神经网络。其中,考虑到道路交叉口提取是判断某个位置点是否属于道路交叉口,属于二分类问题,故针对轨迹和遥感数据的特征图的特点,设计两个不同的深度学习网络作为道路交叉口分类器。

预测更新阶段利用两个有差异的特征图和分类器提供伪标签数据加入训练集,使两个分类器可迭代优化彼此的性能。考虑到由 A. Blum 等[97]提出的协同训练模型是在任一视图都是充分的假设下提出的,即每个视图都具有将所有样本正确分类的信息。而车辆轨迹和遥感影像均不能保证提供足够的信息来正确预测样本的标签,如轨迹分类器会错误地将缺乏轨迹点交叉口区域标注为非交叉口,遥感分类器会将被遮挡的交叉口错误标记为非交叉口,这些分类置信度很高但是错误的标记会导致轨迹分类器与遥感分类器不相容。为此,提出自适应融合策略,使训练的两个分类器是两类数据综合优化的结果。具体步骤为:

(1) 基于同一位置的轨迹和遥感的无标签样本,应用相应的分类器分别进行预测,得到基于轨迹特征的正负样本预测概率分别为 P_t_T、P_t_F,基于遥感特征的正负样本预测概率分别为 P_r_T、P_r_F,根据分类器对分类精度的贡献,对两分类器结果进行自适应加权融合,对无标签样本的预测输出为正类的置信度为 P_T,负类的置倍度为 P_F。

(2) 挑选出分类置信度不低于 V 的样本,并将其打上预测的高置信度伪标签后添加到有标签样本集中,同时将它们从无标签数据集中移除,之后再对两个分类器进行训练。

(3)当从无标签数据预测结果中筛选不出预测概率大于 V 的样本时,停止迭代。

在集成阶段,根据待测试点的位置,基于轨迹特征和遥感影像分别生成测试集,利用优化后的车辆轨迹的交叉口分类器和遥感影像分类器分别进行分类预测。这两个分类器有一定的差异,因此对相同的样本可能输出不同的预测结果。采用自适应加权方法融合两个分类器的结果,可以进一步判断差异性输出,获取正确的预测结果。

3.2.1 小样本集制作

基于种子交叉口点的位置可自动生成少量训练集,即以种子交叉口位置点为中心,截取对应的轨迹特征图和遥感影像特征图,并为它们打上交叉口的标签。然而,此时小样本集中仅存在正样本集,为了确保小样本中的正负样本的数量均衡,在种子交叉口的基础上提出了负样本的制作方法,具体为:以种子交叉口的位置点为基础,考虑交叉口大小、相邻交叉口之间的距离,设置与种子交叉口的位置点相距一定距离的位置处为非交叉口,以获取负样本集,从而得到少量包含正负样本的训练集。

3.2.2 基于车辆轨迹的交叉口分类

交叉口提取实际上是一个二分类问题,即判断输入点是否为交叉口。但是城市中道路交叉口面积不等,难以在固定分辨率下使用某一格网来捕获交叉口,为此,本书对输入的交叉口位置点采用多尺度信息描述,通过融合多尺度的特征获取分类结果。又考虑到道路交叉口不是一个孤立的点,其与周围环境息息相关[118],将网络的输入设定为包含其周围邻域格网信息的特征图,所设计的车辆轨迹的交叉口分类器模型如图 3-5 所示。

网络包括 3 个支路,每个支路代表特定分辨率时的交叉口提取,分支的结构相同,均由两个卷积核为 3、步长为 1、填充为 0 的卷积层以及两个全连接层组成。鉴于输入的图像过小,不对图像进行降采样。3 个分支的特征图通过自适应加权的方式融合后得到作为第 5 个全连接层的输入 f,融合方式如式(3-5)所示。

$$f = w_1 \cdot f^{(1)} + w_2 \cdot f^{(2)} + w_3 \cdot f^{(3)} \tag{3-5}$$

式中,$f^{(1)}$、$f^{(2)}$、$f^{(3)}$ 为 3 个分支的特征图;w_1、w_2、w_3 为 3 个特征图对应的自适应权重,初始值设置为 1,自适应权重通过网络学习获得。

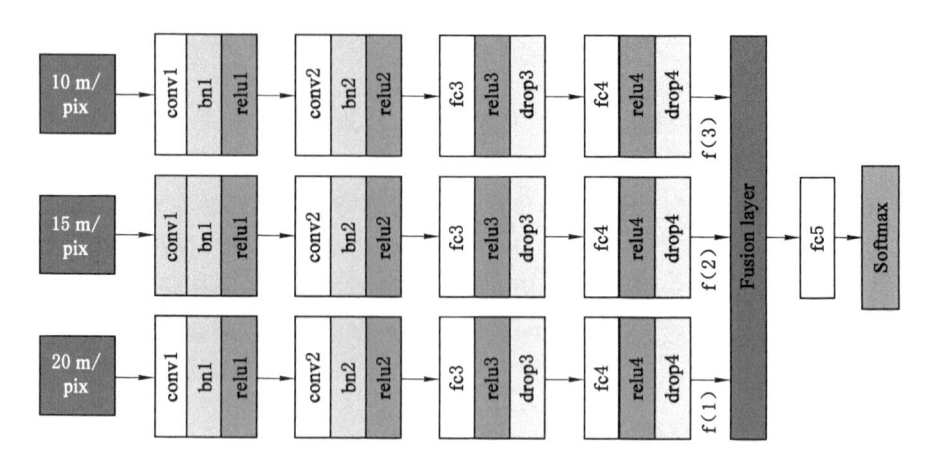

图 3-5　车辆轨迹的交叉口分类器模型

网络的每一支输入均包括反映交叉口特征的轨迹点栅格图、密度图、邻接轨迹点转向图和朝向香农熵图。

（1）轨迹点栅格图是将离散 GPS 轨迹点量化为规则网格的二值图，其中网格单元赋值 1 表示有轨迹通过（道路区域），0 表示无轨迹（背景），从而表征道路的几何分布。

（2）密度图反映车辆在红绿灯道路交叉口处的驻停行为产生停留聚集，计算方法为以像素内轨迹点的个数计算像素值，计算公式如下

$$p_{\text{value}} = \frac{\text{num}_p - \text{num}_{\min}}{\text{num}_{\max} - \text{num}_{\min}} \quad (3\text{-}6)$$

式中，p_{value} 为像素值；num_p 为目标像素内轨迹点的个数；$\text{num}_{\max}$、$\text{num}_{\min}$ 分别为栅格图中轨迹点个数最大值与最小值。

（3）邻接轨迹点转向图表示格网是否承接转向功能，计算方式为统计落入格网内所有轨迹点的上一个轨迹点与下一个轨迹点的方向差值后计算方向差值的标准差，标准差越大说明通过该格网的车辆的行为模式差异越大。

（4）朝向香农熵图代表格网内车辆朝向信息复杂程度[119]。车辆在道路上行驶时，朝向基本与道路走向一致，即路过同一道路区域时，车辆朝向的差异不大。而在交叉口处，有的车辆直行有的转向，相比道路区域车辆朝向的差异较大。格网内所有轨迹点的所属朝向类别越多，香农熵值越大，此处为交叉口的概率也就越大，按照式(3-7)计算得到。

$$H = -\sum_{i=0}^{n} p_i \lg p_i \quad (3\text{-}7)$$

式中，n 为将 360° 等间隔平分的数量；p_i 为属于第 i 个间隔的航向角的比例。

3.2.3 基于遥感影像的交叉口分类

相比车辆轨迹特征图，遥感影像中蕴含的地物信息更复杂，很难从较小规模的初始样本集直接训练出交叉口分类模型，为此，本书采用迁移学习的策略，即在基于 ImageNet 训练好的 VGG16 网络的基础上，通过微调获取遥感影像的交叉口分类模型。具体为：冻结用于提取图像特征的卷积层，对用于提取特定类别特征的全连接层进行微调。使用的遥感影像的交叉口分类器如图 3-6 所示。具体的，特征提取部分由 13 个 3×3 的卷积层和 5 个 2×2 的池化层组成，分类部分由 3 个全连接层构成，其中最后一层全连接层由 VGG16 原来的 1 000 个神经元修改为 2 个神经元，用以输出道路交叉口分类结果。

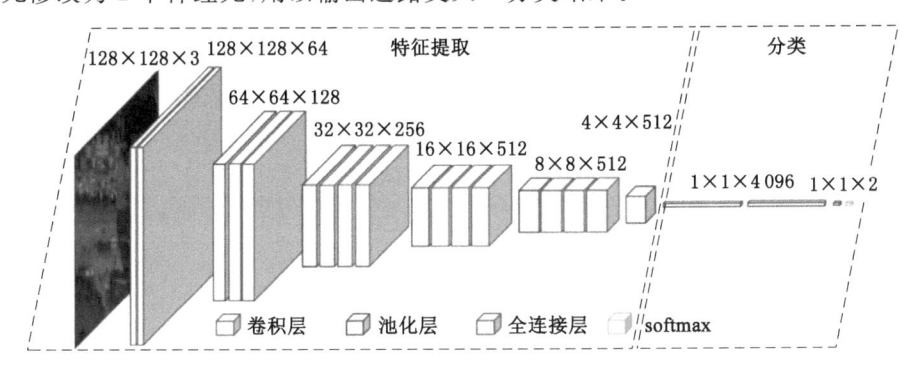

图 3-6　遥感影像的交叉口分类模型

3.2.4 自适应加权的分类模型集成

由于车辆轨迹和遥感影像对道路交叉口的描述角度不同，且两个分类器所应用的深度神经网络结构不同，这就造成在使用两个分类器对同一个样本进行预测时可能会出现不一样的结果。为了获取唯一的高置信度预测结果，本书结合两个分类器预测结果的差异性对样本置信度的影响，根据自适应加权融合策略[120]融合两个分类器的预测结果，从而集成两个分类器的优势，提高预测结果的置信度。其中，权重值根据分类器的类别精度的贡献确定，自适应加权融合的计算如下：

$$P(k) = w(k) \cdot P_t(k) + [1-w(k)] \cdot P_r(k) \qquad (3-8)$$

式中，$P(k)$ 为第 k 个类别的融合预测值，k 共计两类，即交叉口和非交叉口；$P_t(k)$、$P_r(k)$ 分别为轨迹分类器和遥感分类器输出的第 k 个类别的预测值；$w(k)$ 为轨迹分类器输出的第 k 个类别的权重，其大小取决于轨迹分类器对图像

属于第 k 个类别的分类精度的贡献,该权重的计算分为两步:

首先,根据式(3-9)计算两个分类器关于类别 k 的归一化似然值 $w_t(k)$ 和 $w_r(k)$。

$$\begin{cases} w_t(k) = \dfrac{\dfrac{1}{2M}\sum\limits_{m=1}^{M}\sum\limits_{k=1}^{2}P_t(m,k)}{\dfrac{1}{M}\sum\limits_{m=1}^{M}P_t(m,k)} \\ w_r(k) = \dfrac{\dfrac{1}{2M}\sum\limits_{m=1}^{M}\sum\limits_{k=1}^{2}P_r(m,k)}{\dfrac{1}{M}\sum\limits_{m=1}^{M}P_r(m,k)} \end{cases} \quad (3\text{-}9)$$

式中,M 为测试样本总个数;2 为总的类别数;$P_t(m,k)$、$P_r(m,k)$ 为两个分类器将第 m 个样本预测为类别 k 的概率值;分子为类别 k 的总的平均似然;分母为类别 k 的平均似然。

其次,根据式(3-10)输出最终的权重值 $w(k)$。

$$w(k) = \dfrac{w_t(k)}{w_t(k) + w_r(k)} \quad (3\text{-}10)$$

3.3 实验与分析

3.3.1 实验数据与环境设置

本章所采用的轨迹实验数据为武汉市区出租车一周的轨迹数据,轨迹点数据所占存储空间约为 1.96 GB。车辆轨迹数据集包含 7 个字段:车辆的编号、时间、经度、纬度、瞬时速度、瞬时方向角和状态。由于轨迹数据来自出租车,其轨迹点大多数落于主要道路,支路上的轨迹点覆盖度较低或没有轨迹点。所采用的遥感影像从谷歌地球获取,其空间分辨率约为 0.5 m。为方便计算,将遥感影像降采样到空间分辨率为 1 m,坐标系转换至 WGS-84 坐标系,使其与轨迹数据保持一致。研究区域的遥感影像中包含多类型、不同大小的道路交叉口,且一些交叉口存在被树木遮挡情况。

在应用交叉口提取方法进行实验的过程中涉及的参数包括:① 种子交叉口提取阶段,轨迹形态学法中的栅格化图像的空间分辨率为 5 m,选用较低分辨率便于提取轨迹稀疏区域的交叉口;车辆轨迹聚类法中,在计算转向对时,筛选出的转向对需满足轨迹点速度小于 30 km/h、相邻轨迹点距离小于 200 m 以及时间间隔小于 20 s。在进行转向对的反向点聚类时,聚类距离为 70 m;遥感影像张量投票法中,非极大值抑制的阈值为 70 m;多模方法融合中,融合半径 R 为 50 m。② 协同训练阶段,轨迹分类器输入的多尺度空间分辨率分别为 10 m、15 m、20 m,输入的特征图大小为 7 像素×7 像素,在各尺度下对应实际区域为 70 m×70 m,105 m×105 m,140 m×140 m;遥感影像分类器输入的影像分辨率为 1 m,影像大小为 128 像素×128 像素。在迭代训练过程中,将分类置信度不低于 V 的分类结果选作伪标签,通过实验发现 V 取值 95% 效果最好。

在协同训练实验中,操作系统为 Ubuntu18.04,显卡为 2 块 GeForce GTX 1080Ti,开发工具为 Python,框架为 Pytorch[121]。车辆轨迹的交叉口分类器的优化器为 SGD,迭代批量大小为 256,初始学习率为 0.1;遥感影像的交叉口分类器的优化器为 Adam,迭代批量大小为 64,动量参数为 0.9,初始学习率为 0.01。epoch 统一设置为 50,两个分类器均采用交叉熵损失函数。协同训练中当选择不出伪标签时停止迭代,共迭代 20 次。基于种子交叉口生成的带标签小样本集数量为 389,其中正、负样本比例为 1∶3,无标签样本集数量为 3 162,测试集数量为 573。

3.3.2 实验结果分析

3.3.2.1 种子交叉口提取结果

根据车辆轨迹的几何形态信息以及其所蕴含的转向语义信息,计算基于轨迹点栅格图获取的道路交叉口点和转向对的反向交叉点的聚类中心,如图 3-7 所示。图 3-7(a) 为轨迹点栅格原始图,含有大量噪声,经过边缘算子图 3-7(b) 处理后得到边缘光滑且消除了细小道路的图 3-7(c)。图 3-7(d) 表示基于图 3-7(c) 通过形态学算子处理得到的灰色道路中心线和白色道路交叉点。为了方便示意,对其进行 3 个像素膨胀,通过该方法正确提取了位于主干道上的交叉口,但数量较少,遗漏了连接支路的交叉口。图 3-7(g) 中斑点是基于车辆轨迹计算出的转向对的反向交叉点。可以看出其探测出的交叉口位置较多,但也将一些弯曲道路误识别为交叉口,同时由于一些交叉口位于场所内,虽然在遥感影像中可以明显辨识,但由于没有轨迹点而未能识别。图 3-7(e) 为通过现有道路提取模型 D-LinkNet 获得的道路二值图,可以看出由于模型的迁移能力不足,提取的道路较为细碎。通过腐蚀算子、张量分解和非极大值抑制处理道路二值图后得到的道路交叉点如图 3-7(f) 所示,可以看出其可以提取社区内部的交叉口,但是受到图谱异物的影响,将其他地物误识别为交叉口。图 3-7(h) 为融合多元方法后获取的种子交叉口的示意图,将上述方法中基于先道路后交叉口识别的交叉口取并集后,再与基于语义信息直接获取的交叉口取交集,得到二者的交集的所有几何中心位置,生成少量种子交叉口。

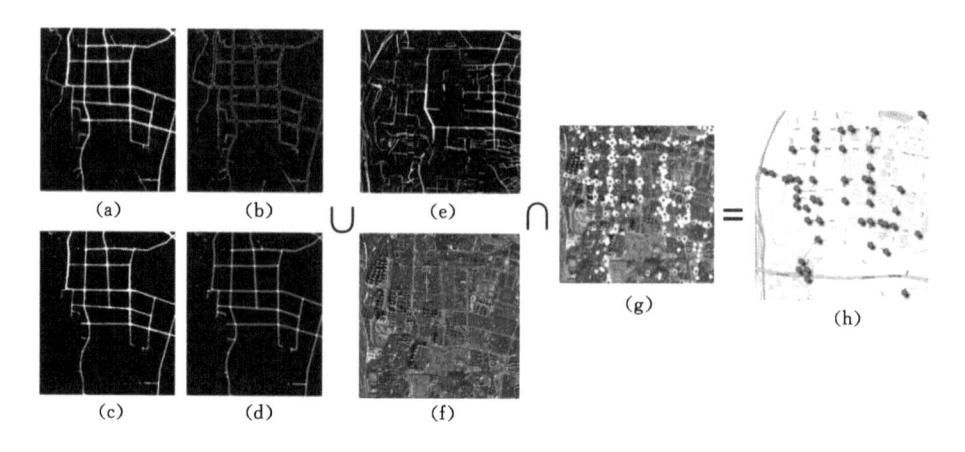

图 3-7 多元方法融合提取种子交叉口

3.3.2.2 协同训练提取结果

基于协同训练方法,经过多次迭代训练,扩充样本集后得到模型的预测结果,如图 3-8 所示。图 3-8(a)为基于车辆轨迹模型的交叉口提取结果,图 3-8(b)为基于遥感影像的交叉口提取结果。从图中最右侧方框可以看出:在树木遮挡但是有轨迹点覆盖的场景下,基于轨迹分类器能够有效提取交叉口,但是此时遥感影像分类器的提取能力较弱。从图中其余方框可以看出:基于遥感影像分类器可以提取缺少轨迹覆盖但空间特征明显的交叉口,但轨迹分类器无法识别此类交叉口。可见两种分类器在道路交叉口提取能力上各具优势且可以互补,但需要注意的是两类分类器中仍存在一些伪交叉口,因此,为进一步获取全面、精确的交叉口,需要采用有效的融合方法集成两个分类器的互补优势,同时注意剔除伪交叉口。

(a) 车辆轨迹分类器结果　　　　　　(b) 遥感影像分类器结果

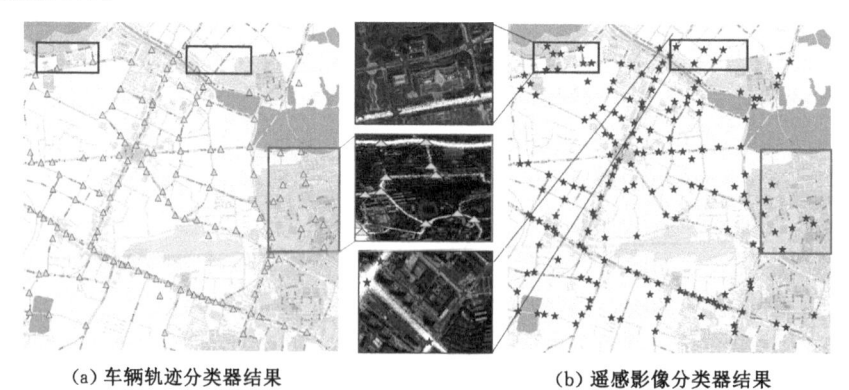

图 3-8 协同训练模型提取结果

3.3.2.3 分类模型集成提取结果

图 3-9(a)为基于自适应加权融合策略融合两个分类器结果所提取到的最终道路交叉口结果图,其中深色大圆点为正确提取的交叉口;小圆点的位置是通过目视解译为道路交叉口,但没有提取到的交叉口;浅色大圆点表示误提取的交叉口。在本书方法中,车辆轨迹可以解决遥感影像中交叉口被其他地物遮挡的问题,遥感影像可以补充车辆轨迹稀疏区域的交叉口信息,从而实现二者优势互补。例如,图 3-9(b)表明本章方法可以提取遥感图像上被树木遮挡的交叉口。图 3-9(c)表明缺乏轨迹覆盖但是遥感影像空间特征明显的交叉口可以被有效提取。图 3-9(d)表明本章方法可以剔除大转弯处的伪交叉口。

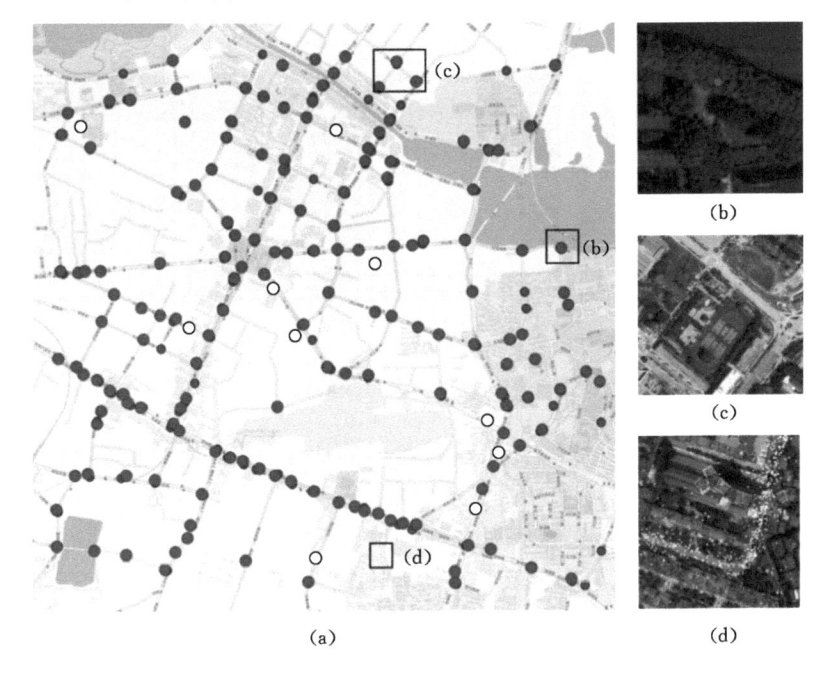

图 3-9 本章方法的交叉口提取结果

为进一步说明本章所提出的方法能够适用于不同情景下的道路交叉口提取,图 3-10 展示了部分典型交叉口的提取细节,不难看出本章所提出方法在道路交叉口提取方面的特点:① 可以识别形态迥异、大小不一的多类型交叉口,且不受交叉口之间的距离影响[图 3-10(a)];② 可以识别道路的分岔点与聚合点[图 3-10(b)],这对于辅助车辆导航有重要的帮助;③ 能够识别大型兴趣点的出入口[图 3-10(c)],如学校和医院的进出点。

图 3-11 为应用本章方法未能正确提取的道路交叉口。其中,图 3-11(a)为

(a) 多类型交叉口提取

(b) 道路分叉点与聚合点提取

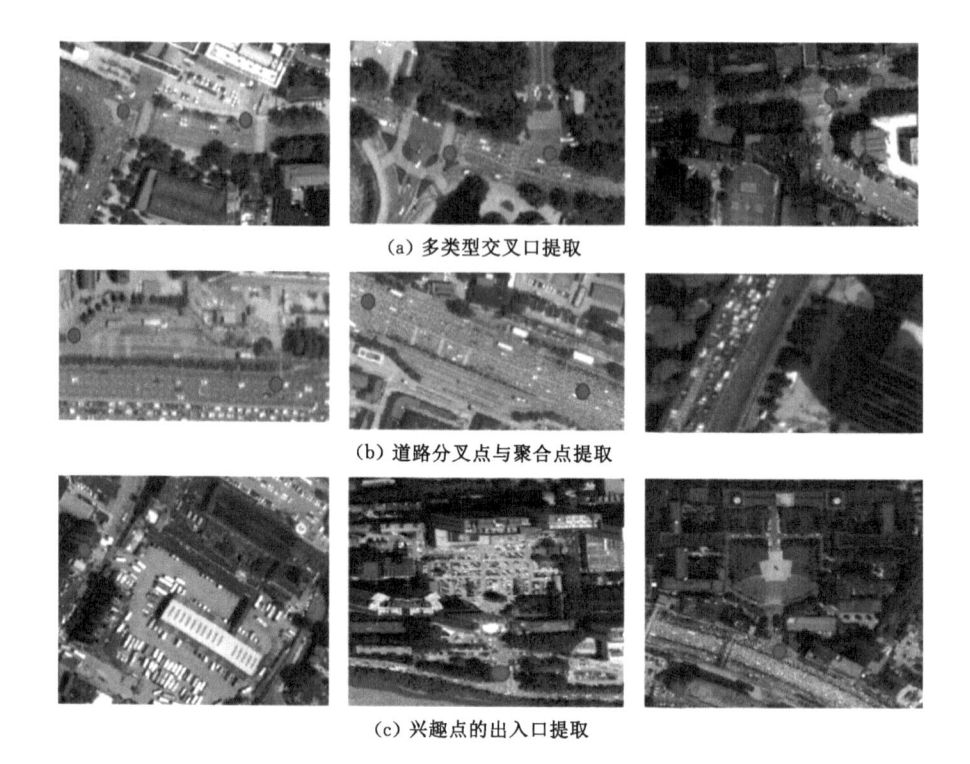

(c) 兴趣点的出入口提取

图 3-10 典型交叉口提取结果

由于遥感影像中存在与交叉口光谱特征相似的地物,将道路与施工地的连接部分误识别为交叉口;图 3-11(b)为由于受轨迹噪声点的影响,将一处居民地误识别为交叉口;图 3-11(c)为遗漏识别的交叉口,该交叉口未能有效提取的原因:该场景下轨迹点稀疏,同时遥感影像上的交叉口被树木遮挡使其视觉特征不明显。

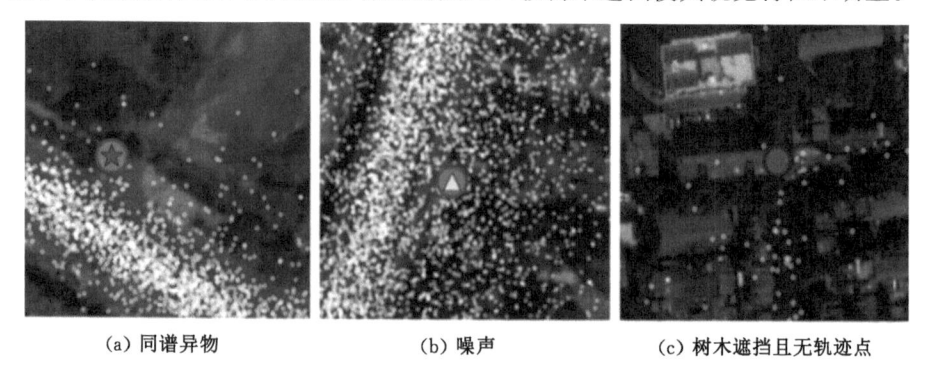

(a) 同谱异物　　　(b) 噪声　　　(c) 树木遮挡且无轨迹点

图 3-11 未能正确提取的交叉口

3.3.3 精度对比

实验综合准确率、召回率以及 F 值来衡量模型的预测性能,计算公式如下:

$$准确率 = \frac{TP}{TP+FP} \tag{3-11}$$

$$召回率 = \frac{TP}{TP+FN} \tag{3-12}$$

$$F = \frac{2\text{precision} \cdot \text{recall}}{\text{precision}+\text{recall}} \tag{3-13}$$

式中,TP 为预测正确的道路交叉口数量;FP 为预测错误的交叉口数量;FN 为未提取出的道路交叉口数量。由于本章提取的是道路交叉口点,而道路交叉口本身具有一定的大小,且位于不同等级道路上的交叉口大小也不同,难以使用固定阈值的缓冲区对交叉口提取效果进行评价,故在定量评价时采用多级缓冲区方法,即根据交叉口所在的道路等级设置缓冲区范围。通过对武汉市不同等级道路和交叉口的统计,将交叉口缓冲区分为三级:将位于主干道和快速路的交叉口缓冲区阈值设置为 50 m,将位于次干道的缓冲区阈值设置为 40 m,其余支路上的交叉口缓冲区阈值设置为 30 m。

针对车辆轨迹数据,本章选用李思宇等[26]提出的集成形态学方法和聚类方法提取交叉口进行对比,针对遥感影像,采用张量投票方法[11]进行对比。图 3-12 展示了上述几种方法的提取结果。图 3-12(a)为将真值按照其所在的道路等级分级,共分为三级,颜色越深级别越高。图 3-12(b)表明本章的方法的交叉口提取数量最接近真值,且不存在明显的交叉口提取困难的区域。图 3-12(c)可以看出采用集成方法提取的交叉口主要位于测试区域的中部,边缘区域的交叉口提取数量较少,这是因为测试区域边缘的轨迹稀疏或者是缺乏,受轨迹覆盖度的限制,采用该方法无法提取此类区域的交叉口。图 3-12(d)表明采用张量投票方法的交叉口提取数量较少,这说明基于遥感影像可以有效提取位于道路特征明显区域的交叉口,但难以识别被遮挡区域以及与周围背景区分不明显区域的交叉口。总的来说,基于单源数据的交叉口提取方法难以突破其数据自身的限制。

表 3-1 展示了基于道路等级真值数据,为不同等级道路分配差异化的缓冲半径后,将本章方法与对比方法的测试区域 178 个交叉口提取效果进行检验。其中最高值用加粗黑体表示,次高值用下划线表示。由表 3-1 可以看出:本章提出的基于多层次融合的方法,在道路交叉口提取效果上优于集成方法和张量投票方法。基于单一数据源的集成方法和张量投票仅提取了少量正确的交叉口,且错误提取数量相对较高,使得其召回率和 F 值均小于 0.6。本章提出方法

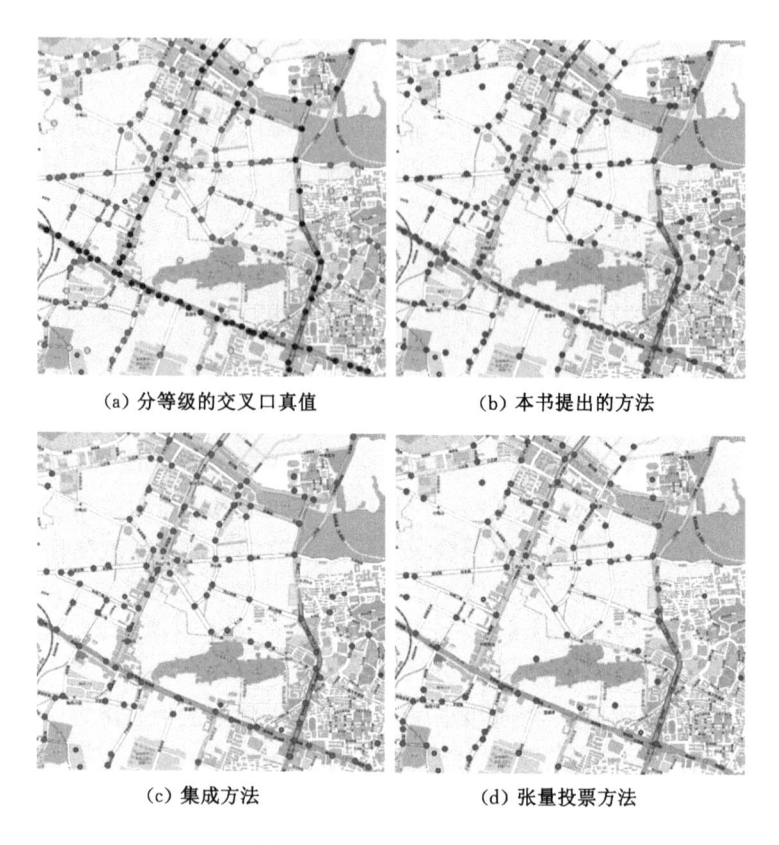

(a) 分等级的交叉口真值　　　　(b) 本书提出的方法

(c) 集成方法　　　　　　　　　(d) 张量投票方法

图 3-12　对比方法的结果

充分利用车辆轨迹和遥感影像各自的优势，交叉口提取的数量和质量得到大幅度提升，其准确率、召回率和 F 值分别为 0.934 1、0.876 4、0.904 3。

表 3-1　测试区域交叉口提取效果对比

对比方法	正确个数/个	错误个数/个	遗漏个数/个	准确率	召回率	F 值
集成方法	83	22	95	0.790 5	0.466 3	0.586 6
张量投票方法	61	12	117	0.835 6	0.342 7	0.486 1
本章方法	156	11	22	0.934 1	0.876 4	0.904 3

3.3.4　讨论

基于真值的多级缓冲区，对本章在各个阶段通过多元方法提取的交叉口结果进行了对比。多元方法包括：① 种子交叉口提取过程中所涉及的形态学方法、聚类方法和张量投票方法,以及种子交叉口融合提取方法;② 在协同训练过程中的训练阶段,基于小样本集训练获取的两个分类模型,以及在其测试阶段,基于扩充后的训练集得到的两个分类模型;③ 集成识别过程中,本章提出的集成模型。

由表 3-2 可知:在种子交叉口提取阶段,种子交叉口可以融合形态学方法、聚类方法和张量投票的优势提取少量但准确的种子交叉口。在协同训练阶段,通过协同训练逐步扩充训练样本集的协同训练融合模型,其各项评价指标均高于通过监督训练基于小样本集的融合模型,这说明加入无标签样本后可有效提升模型的分类能力。基于车辆轨迹数据和遥感影像数据的协同训练模型的各项指标表现均衡,但指标值均低于采用本章方法得到的,这也说明协同训练的前提下,融合模型的效果要高于仅基于车辆轨迹的模型的或仅基于遥感影像的模型的。采用本章方法所得到的各项指标表现优异,召回率和 F 值均为最高值,但准确率低于形态学方法和种子交叉口提取,这是由于这两种方法秉承宁可漏提也不误提的原则。综上所述,本章提出的方法能够有效集成车辆轨迹数据和遥感影像数据的优势,提取覆盖全面且质量高的道路交叉口。

表 3-2 各阶段的交叉口提取结果对比

阶段	方法	准确率	召回率	F 值
种子交叉口提取	形态学方法	0.964 7	0.460 7	0.623 6
	聚类方法	0.433	0.707 9	0.537 3
	张量投票方法	0.888 9	0.314 6	0.464 7
	种子交叉口提取	1.0	0.427	0.598 4
协同训练	监督学习_轨迹	0.927 1	0.5	0.649 6
	监督学习_遥感	0.547 3	0.618	0.580 5
	协同训练_轨迹	0.913	0.707 9	0.797 5
	协同训练_遥感	0.752 9	0.719 1	0.735 6
集成识别	本书方法	0.934 1	0.876 4	0.904 3

为了进一步说明本章方法的稳定性,基于多级缓冲区阈值分析,采用综合评价指标 F 值对两种对比方法及各阶段交叉口提取算法进行系统性验证(图 3-13)。试验结果表明:在不同缓冲区阈值条件下,本章提出的交叉口提取方法的 F 值指标均显著优于对比方法的。

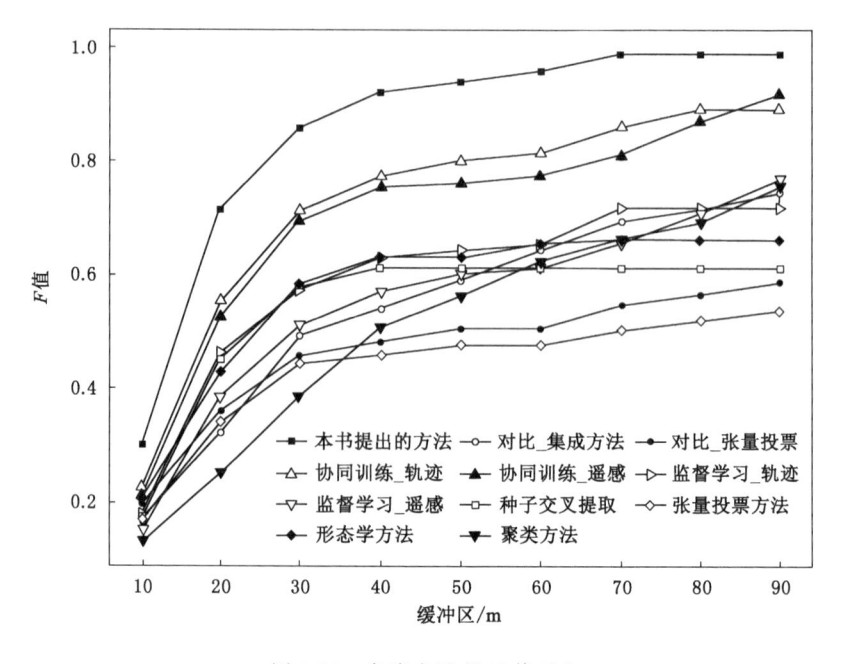

图 3-13 各类方法的 F 值对比

3.4 本章小结

考虑到道路交叉口不仅反映在车辆轨迹的静态分布特征和动态转向特征中，还呈现在遥感影像的纹理特征上，本章提出了一种车辆轨迹与遥感影像多层次融合的道路交叉口识别方法，弥补了单一数据源在道路交叉口提取上的不足。首先在栅格与矢量空间中引入多元提取方法并进行结果融合，以获取少量种子交叉口，然后采用面向轨迹和遥感影像的交叉口协同训练机制，自动扩大训练数据规模，以提升两种交叉口识别模型的分类能力，最后形成道路交叉口的集成提取模型。基于武汉市数据的实验表明：本章所提出的方法在种子交叉口生成、协同训练以及集成识别多个阶段融合车辆轨迹与遥感影像的交叉口描述特征方面，可以提取形态迥异、大小不等的道路交叉口，识别精确度超过93%，召回率达到87%。

本章所提出的方法充分利用车辆轨迹和遥感影像关于交叉口的互补性描述特征，不仅可以有效解决被遮挡区域和轨迹稀疏区域的交叉口提取问题，还能够提取辅路与主路交汇点和兴趣点的出入口。此外，所提出的多模集成的交叉口提取技术，无需人工标注样本，具有较高的鲁棒性与可扩展性。需要指出的是，本章主要针对简单交叉口的提取开展研究，后续将对立交桥等复杂交叉口进行研究。

4 深度融合的道路网提取

交叉口是路网中重要的拓扑节点,而道路中心线承担了勾勒路网形态的重要职能。本章在交叉口的基础上,基于深度学习技术,设计了两种不同融合策略,以提取道路中心线,从而构建由交叉口和中心线组成的路网。

在道路中心线提取方面,设计了特征融合和指导融合两种策略。其中,特征融合根据两个数据源融合的位置不同,又细分为输入端融合和输出端融合,两种融合模式均使用同一网络。该方法有以下两个关键点:① 构建同一模态的多源数据输入图,即全卷积网络模型中,两数据源的输入图在学习特征时的难易程度相似,保证结果不会向一方数据源倾斜;② 设计符合道路的线状特征的卷积核和道路提取任务的模型架构。

指导融合是指通过深度学习网络特征图的逐层相互指导,实现两种模态的数据源进行深层次融合,同时加入交叉口提取任务,以进一步提升道路中心线提取的效果。该方法主要包括特征图构建、多任务模型架构设计以及特征级融合模块设计三个步骤。

最后,结合上一章识别的交叉口与本章提取的道路中心线,提出中心线级路网生成方法,并基于不同的数据集与评价指标分别对获取的道路中心线区域分割图和中心线级路网进行了评价。

4.1 特征融合方法

特征融合方法的技术路线如图 4-1 所示。首先设计基于深度学习网络的两种融合方式;其次分别构建两种数据源的道路特征图,具体来说,从轨迹信息中计算、提取能够反映道路信息的动态特征格网图和静态特征格网图,并通过迁移学习的方式,基于少量遥感图像样本获取遥感信息中的道路特征图;最后设计神经网络架构,该网络架构以 U-Net 为基础,顾及道路的线状特征和道路分割任务的复杂性修改了其卷积核形状和网络层数。

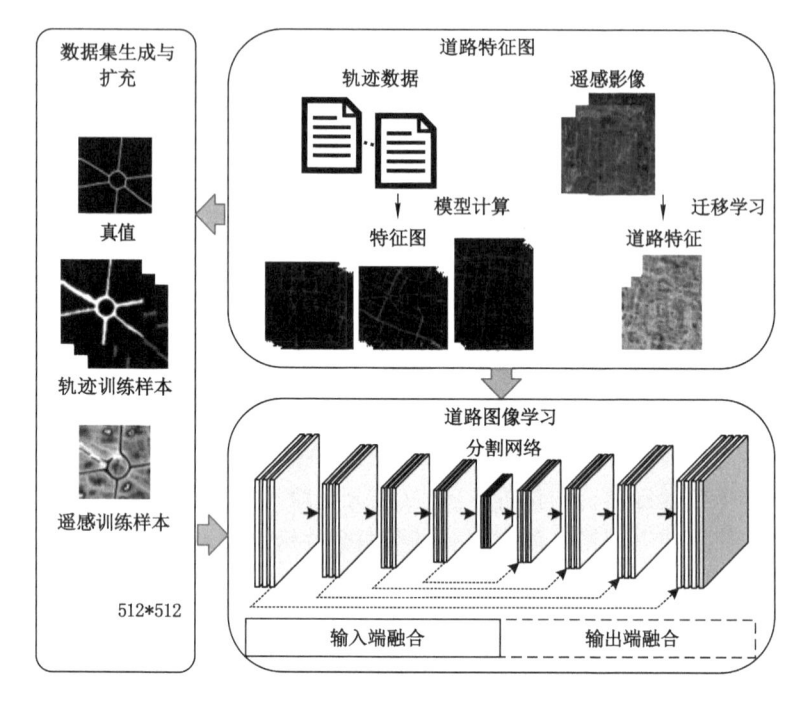

图 4-1　特征融合方法的技术路线

4.1.1　基于深度学习网络的两种融合方式

基于轨迹与遥感影像的特征图提出了两种融合方式,即输入端融合和输出端融合(图 4-2)。输入端融合是指将轨迹特征图与遥感影像特征图叠加后共同作为神经网络的输入;输出端融合是指两类特征图分别使用神经网络进行学习后,将两个结果加权后作为最终的结果,此处两个的权重均设置为 0.5。

4.1.2　道路特征图构建

4.1.2.1　车辆道路图构建

轨迹数据不仅包含揭示网络几何结构的静态特征,还包含车辆行驶状态的动态特征。考虑到城市道路网的复杂性和轨迹点分布的异质性,利用单一特征难以有效提取道路,因此,结合轨迹的静态特征与动态特征,基于轨迹设计多个反映道路信息的特征图。

构建的特征图包括轨迹点栅格图、密度图以及速度图。其中轨迹点栅格图与密度图为静态,速度图为动态。

(1) 轨迹点栅格图

4 深度融合的道路网提取

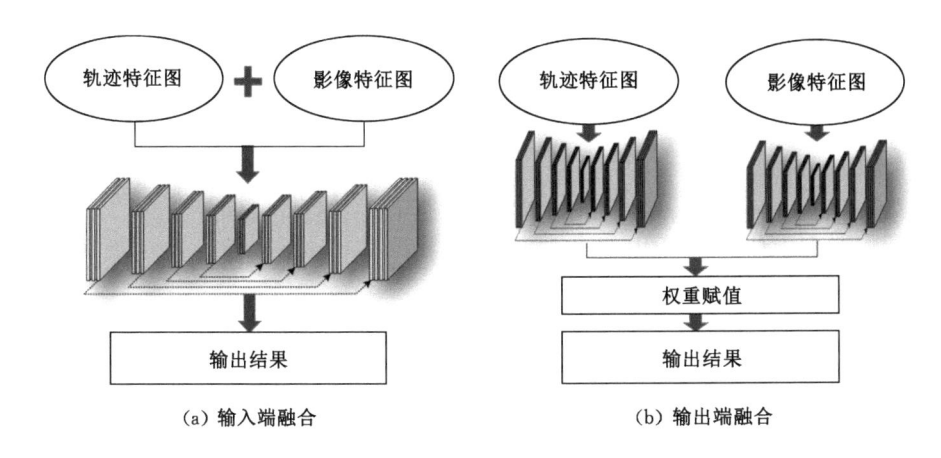

(a) 输入端融合 (b) 输出端融合

图 4-2 基于道路分割网络的两种融合方式

轨迹点栅格图是轨迹点信息的完整复刻,即栅格化后的像素内存在一个以上的轨迹点,则将像素值赋为 255,反之赋值 0。

(2) 密度图

轨迹栅格化后,栅格图中的轨迹点密度在一定程度上反映了该像素为道路的置信度,一般来说,轨迹点密度越大的像素属于道路的概率越大,轨迹点密度越低的像素属于噪声的概率越大,因此,引入密度图可以有效区分道路与噪声。但需要注意的是,由于轨迹点的空间异质性,在对图像进行归一化处理时,若选用全局归一化,会导致只有密度很大的主干道被突出,忽略了其他轨迹点分布相对较少道路,为此,提出了一种消除密度分布不均的局部归一化处理方法,即利用像素周围的 25 邻域的密度值进行归一化。

$$P_{归一化} = \frac{p - \min[N25(p)]}{\max[N25(p)] - \min[N25(p)]} \tag{4-1}$$

式中,$P_{归一化}$ 为归一化后的像素值;p 为中心像素的原始值;$N25(p)$ 为像素 p 的 25 邻域;$\min()$,$\max()$ 分别为邻域内的最小值和最大值。

(3) 速度图

考虑到道路区域的车辆行驶模式相似,这一现实情况在速度上反映为相邻像素的平均速度近似,基于此,设计的速度特征图构建方式为:首先计算每个像素的平均速度,然后计算每个像素与其 8 个邻域内像素平均的标准差后,将其设置为像素值,最后应用 1 减去全局最小最大值归一化后乘以 255,得到道路区域为前景的速度图,速度计算示意图如图 4-3 所示。

获得上述特征图后,采用基于邻域像素类别特征的平滑处理方法(详见 3.1.2.1),通过将每个像素值替换为其邻域主导类别的值,实现孤立噪声消除和

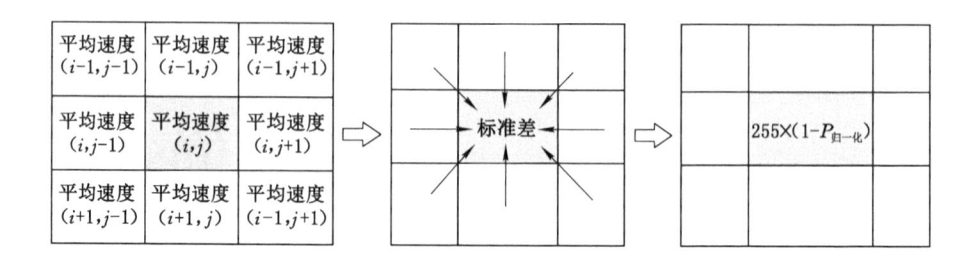

平均速度 ($i-1,j-1$)	平均速度 ($i-1,j$)	平均速度 ($i-1,j+1$)
平均速度 ($i,j-1$)	平均速度 (i,j)	平均速度 ($i,j+1$)
平均速度 ($i+1,j-1$)	平均速度 ($i+1,j$)	平均速度 ($i-1,j+1$)

⇒ 标准差 ⇒ $255 \times (1 - P_{归一化})$

图 4-3 速度计算示意图

孔洞填补。

4.1.2.2 影像道路图构建

遥感影像图作为道路信息提取的主要数据源,引起了广大学者的关注[122]。在众多研究中,L.C.Zhou 等[67]提出了 D-LinkNet,由于其 LinkNet 结构和扩展的卷积层使得其在遥感图像道路提取方面表现出了优异的性能。

遥感图像是具有复杂背景的彩色图像[123]。然而,轨迹特征图是仅包含道路信息和非道路信息的灰度图像。考虑到这两个数据源具有不同的格式和信息量,直接将二者融合可能会因为特征学习的难易程度不同而导致无法充分获取二者之间的互补信息。鉴于此,首先以灰度图的形式粗略提取遥感图像中的道路信息,再将两类数据融合。受迁移学习的启发,利用 D-LinkNet 的部分网络获取遥感影像的道路粗提取灰度图。具体为:以除去 Sigmoid 层之前的 D-LinkNet 网络作为遥感影像中道路特征的提取器,加载训练好的 D-LinkNet34 模型参数,并将参数冻结,直接用于基于遥感影像的粗略道路特征提取器。图 4-4 为基于遥感影像提取的道路灰度特征图。

4.1.3 道路分割网络

在轨迹特征图与遥感影像特征图的基础上提出了道路分割模型,旨在获取道路区域和非道路区域,其中,道路区域是指道路中心线的可能区域,即训练集中的真值是通过对道路中心线加宽固定半径得到的,而非实际的道路宽度。基于提出的道路分割模型进行了输入端融合和输出端融合。

由于 U-Net 在语义分割中表现优异,并且具有以下优点:(1)没有全连接层,可以实现任意大小的图像分割。(2)包括下采样和上采样的对称连接架构在不同的分割应用中都展现出了良好的性能,在上采样过程中通过连接相应下采样层的特征能够有效补充丢失的边界信息。(3)数据集扩充技术使 U-Net 的模型训练只需要小规模的训练集即可。选取 U-Net 为基础模型,并考虑道路的

(a) (b) (c)

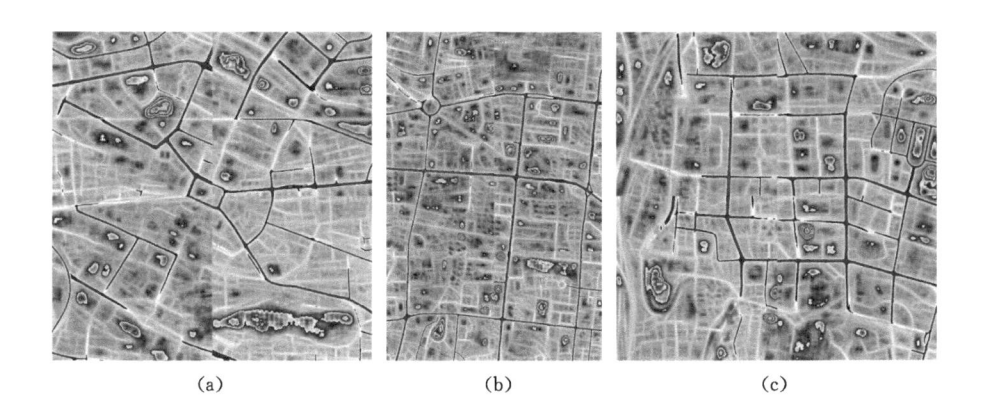

图 4-4 利用 D-LinkNet 提取的道路灰度特征图

自然特征和图像背景的复杂性，对模型进行了修改，提出的模型架构如图 4-5 所示。

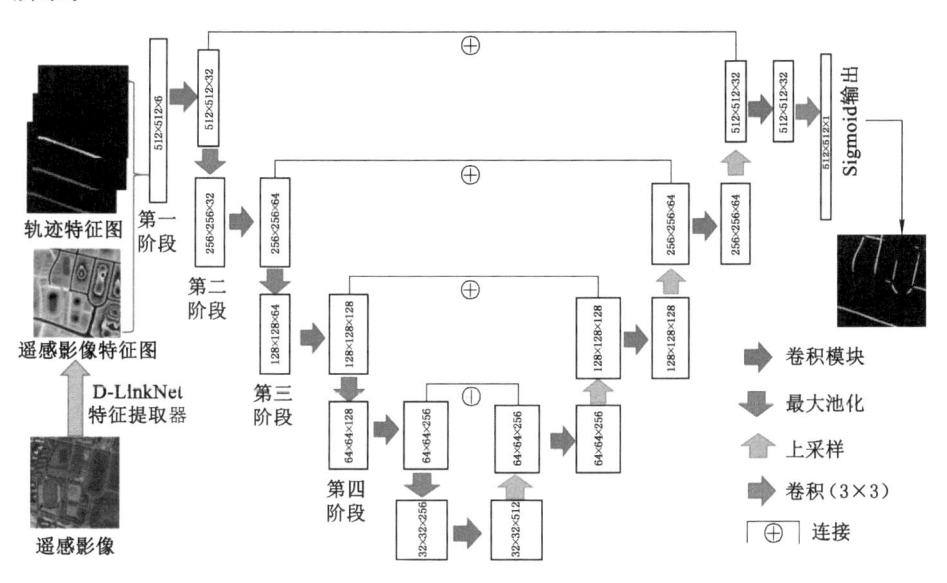

图 4-5 道路分割模型架构

与 U-Net 相比，提出的道路分割架构主要改进了两个部分——网络结构和卷积核。其中，在网络结构中，考虑到样本并不复杂，将原有的 U-Net 精简为 4 个卷积层与上采样层，以及 1 个中心层。在卷积核结构部分，考虑到道路本身为细长的条状结构，在原有的正方形卷积结构的基础上添加长方形卷积结构，以捕捉横向与纵向的上下文信息。卷积层的结构如图 4-6 所示。采用了 3 种不同的卷积运算,核大小分别为 3×3、1×5、5×1,以提高卷积核的性能,使其更适合于道路提取。3×3 卷积核用于提取局部的邻域特征。1×5 卷积核和 5×1 卷积核用于分别提取来自水平方向和垂直方向的邻域信息。在非线性单元 Relu 之前添加批量归一化层[124],以避免过度拟合。

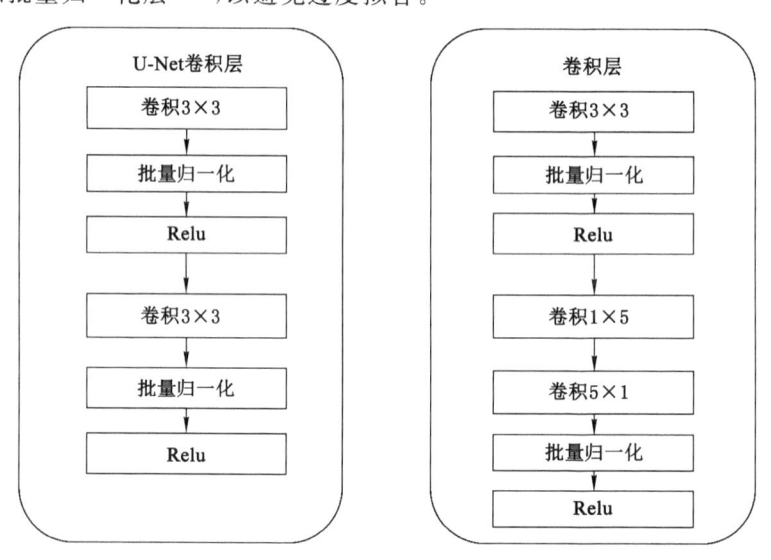

图 4-6　卷积层的结构

4.2　指导融合方法

为了利用深度学习网络,在学习多源数据的深层特征的过程中进行融合,在输入端融合和输出端融合的基础上进一步提出了指导融合方法,对多源数据学习的特征图进行逐级融合。另外,考虑到道路提取与交叉口提取任务的相关性和交叉口的重要性,采用集成多任务的学习方案,以同时获取道路和交叉口方法,代替传统两阶段式的交叉口识别方法,并且还能够获得提升两个分割任务的效果。

本节首先介绍利用深度学习技术并基于轨迹数据与遥感影像,提出用于道路和交叉口同时提取的学习网络,即多任务多源自适应融合网络(multi-task and multi-source adaptive fusion network,MTMSAFN)。所提出网络的架构如图 4-7 所示,该网络架构共涉及三个部分:(1)利用两个编码器分别从遥感图像和轨迹捕获道路信息特征。(2)设计的自适应融合模块(adaptive fusion module,AFM)用于逐级融合从两个数据源获取的道路特征。(3)为了便于道路提取和交叉口同时获取,引入了两个解码器分支。

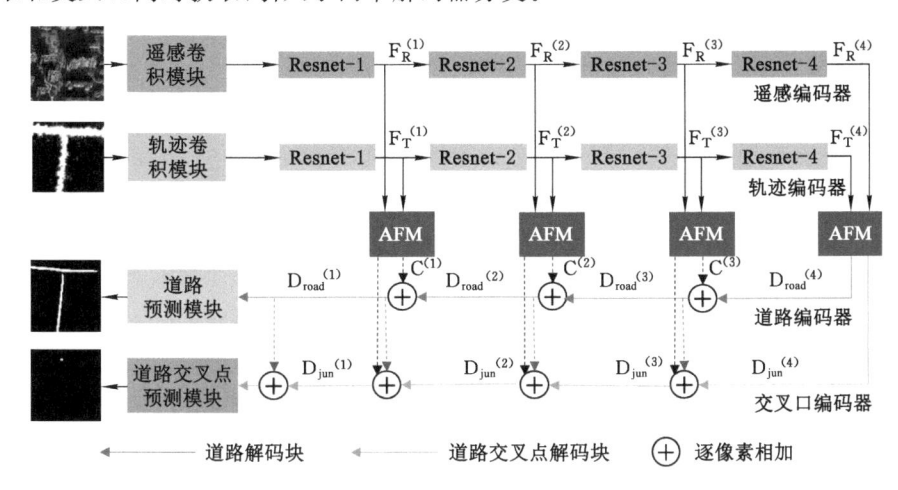

图 4-7 特征级融合模型架构

4.2.1 多源数据编码器

融合轨迹和遥感图像提取道路信息的难点:对于同一条道路而言,其在遥感图像和轨迹特征图中的表现形式完全不同。为此,利用两个编码器分别从遥感图像和轨迹中学习道路特征,而不同于之前大多数的研究:直接叠加两类数据源作为输入。

这两个独立的分支使用 ResNet34[95] 作为编码器。但是考虑到从遥感影像的复杂背景中捕获道路特征相对困难,利用在道路提取方面具有优异的性能的 D-LinkNet34 的模型参数[67],对遥感特征提取编码器的权重进行初始化。通过两个分支的结构,分别获取轨迹与遥感影像的多层次道路特征。其中,第 i 个残差模块输出的轨迹特征图与遥感特征图分别命名为 $F_T^{(i)}$ 和 $F_R^{(i)}$,如图 4-7 中的 $F_R^{(1)} \sim F_R^{(5)}$ 和 $F_T^{(1)} \sim F_T^{(5)}$。

4.2.2 多源数据特征自适应融合模型

基于双分支的编码器结构,从轨迹数据和遥感图像中提取了两类多尺度的激活图,但是如何集成这两种道路特征的互补优势仍然是一个有待解决的问题。

像素自适应卷积(pixel-adaptive convolution,PaConv)[125]不同于共享空间权重的传统卷积,可以根据指导特征自适应地强调像素权重。同时,在道路提取问题中,轨迹和遥感影像为道路提供了两个不同的描述角度,并且二者具有互补性,可以用一方提取的特征图中的道路信息去强化另一方的道路特征图中的相应道路,以凸显道路区域的像素,从而为改善道路提取的连续性和完整性提供可能,为此引入 PaConv 进行轨迹道路特征与遥感道路特征的融合。

卷积具有的全局权重值共享的特性,使其相比全连接层大幅度减少了参数个数,但全局共享也意味着其不加区分地将相同权重参数的卷积核应用于全图,而不考虑像素局部特征的限制。为了突破这个限制,PaConv 通过核 $K \in R^{(c' \times c \times s \times s)}$ 修改标准滤波器的权重参数,以使得滤波器的权重值不是全局一致的,而是根据指导图像不同位置处的像素值产生相应变化。即 K 由指导特征 f 决定,对于输入图像 $x = (x_1, x_2, \cdots, x_n), x_i \in \mathbb{R}^c$,覆盖 n 个像素和 c 个通道,经过 PaConv 卷积后输出 x'_i 以及 c' 个通道,PaConv 定义为:

$$x'_i = \sum_{j \in W(i)} K(f_i, f_j) W_j x_j + b \tag{4-2}$$

式中,$W(i)$ 为 $s \times s$ 大小的过滤器;$W = (W_1, W_2, \cdots, W_{s \times s})$;$W_j \in \mathbb{R}^{c' \times c}$ 是过滤器的权重;$b \in \mathbb{R}^{c'}$ 是偏置;K 为预设的函数,这里使用高斯函数 $K(p_i, p_j) = \exp[-\frac{1}{2}(p_i - p_j)^T(p_i - p_j)]$。

基于计算 f 得到 K,通过 K 实现在不同像素处修改空间不变滤波器 W 的权重。

考虑到残差结构在图像内容挖掘、缓解梯度消失以及下降方面具有很大的优势,结合残差网络的结构以及 PaConv 构建了特征融合块(FFB)。FFB 的结构如图 4-8 所示,采用 2 个 3 × 3 的 PaConv 代替 2 个传统卷积,输入特征图 x 和用于指导的特征图 f。通过将输入 x 与 2 个 PaConv 结果相加,使得特征融合块既保留了输入本身道路特征,也融合了两数据源之间关于道路特征的增益信息。

在特征融合块的基础上进一步设计了适应融合模块(AFM),以集成两个数据源相互指导的信息作为最终的融合结果,其结构如图 4-9 所示。

自适应融合模块包括两个特征融合块(FFB)和一个串联操作。具体而言,将同一分支级的遥感特征图和轨迹特征图($F_R(i), F_T(i)$)分别输入两个 FFB 模块,通过双向特征引导机制,利用一个数据源的特征指导来增强另一数据源中的道路区域识别。然后,通过串联的方式集成两个 FFB 得到的结果作为该层的融合结果($C^{(i)}$),并将其以相加的方式与编码中对应的特征图相加。总的来说,通过 AFM 生成了两数据源深层融合的特征图,特征图中不仅包括来自两个数据源的道路特征,还包括关于两种道路的增强信息。

4.2.3 多任务解码器

根据这两个子任务的不同特点,设计了两个解码器来提取道路区域和交叉

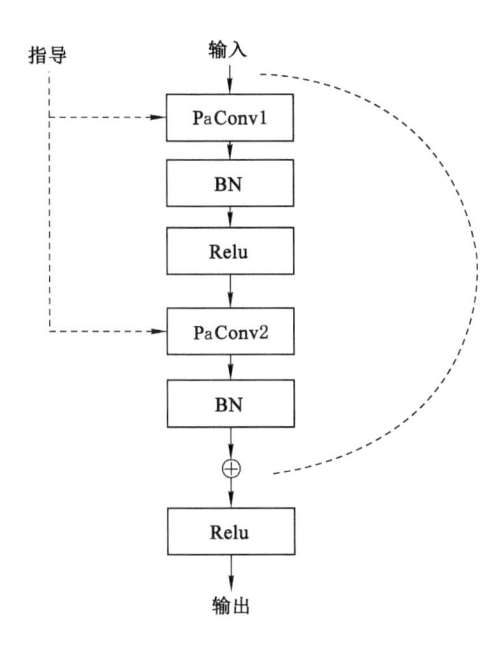

图 4-8　特征融合模块

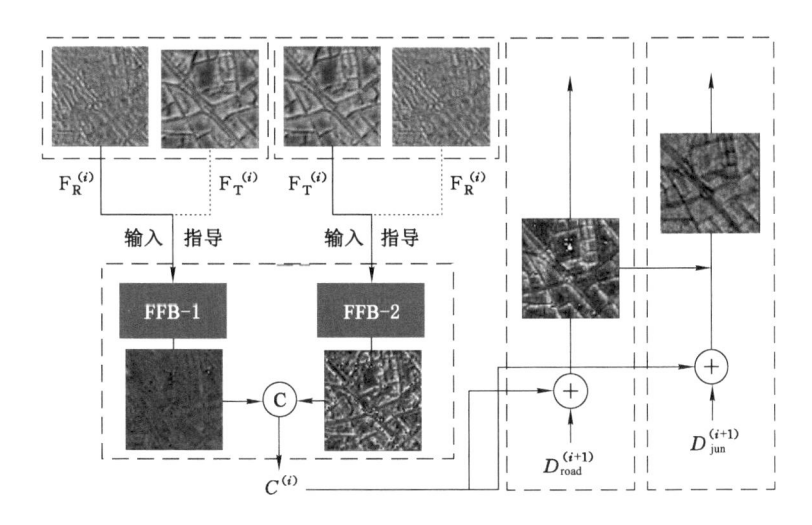

图 4-9　自适应融合模块

口。受 1D 解码块[126]的启发,可以利用多个矩形卷积核,通过转置卷积的方式进行上采样,从而捕获图像横向、纵向、斜上方向和斜下方向的道路上下文信息,减少道路分割结果中的断裂。为此,在道路解码器中,采用 4 个 1D 解码器来更好地恢复道路的细长几何形状。

针对交叉口任务,提出了一种交叉口解码器,不仅能捕捉交叉口自身的特征,还能利用来自道路解码器的学习信息为交叉口提取提供帮助。具体来讲,一方面,将 LinkNet 的原始解码器块用作交叉口解码器块,以恢复交叉口信息[64]。另一方面,通过跳跃连接的方式,不仅与相应的编码器结果相集成,还与相应尺度的道路解码的结果相集成。

4.2.4 自适应损失函数

在道路信息分割任务中,含有道路信息的正样本相对较少,在正负样本数量不平衡的情况下,正样本中的有效信息平均后变得较为不明显,信息损失主要由数量较大的负样本控制。因此,有必要在损失函数中加入一个平衡因子,以缓解正负样本比例的不均匀性。此外,由于道路分割任务中道路像素所占比例相对较小,仅为 10% 左右,这大大增大了不易区分的像素被判断为背景的概率,因此损失函数应减少容易分类样本的损失,并更多关注困难和错误分类的样本。为了解决正负样本数量的不平衡以及困难样本被错误划分问题,引入 Focal Loss,计算公式如下:

$$L_{fl} = -\frac{1}{N}\sum_{i=1}^{N}\left[\alpha(1-y'_i)^{\gamma}y_i \lg y'_i + (1-\alpha){y'_i}^{\gamma}(1-y_i)\lg(1-y'_i)\right]$$

(4-3)

式中,N 为输入图像的像素个数;y_i,y'_i 分别为像素 i 的真值以及其预测值;α 为正负样本的平衡系数;γ 为调节因子,用于调节简单样本权重降低的速率,当 $\gamma = 0$ 时为交叉熵损失函数,根据文献[127],α 与 γ 分别设置为 0.25 与 2。

利用上述 Focal Loss 作为道路分割任务和交叉口分割任务的损失函数,并采用梯度下降的方法获取损失函数的最小值。道路和交叉口的损失分别为 L_{road} 和 $L_{\text{intersection}}$。

$$L_{\text{road}} = -\frac{1}{N}\sum_{i=1}^{N}\left[0.25(1-p'_i)^2 p_i \lg p'_i + 0.75{p'_i}^2(1-p_i)\lg(1-p'_i)\right]$$

(4-4)

$$L_{\text{intersection}} = -\frac{1}{N}\sum_{i=1}^{N}\left[0.25(1-q'_i)^2 q_i \lg q'_i + 0.75{q'_i}^2(1-q_i)\lg(1-q'_i)\right]$$

(4-5)

式中,p'_i 为 i 像素的道路真值;p_i 为 i 像素属于道路的概率;q_i,q'_i 为 i 像素的真值与属于道路交叉口的概率。

总的损失函数为 L_{road} 和 $L_{\text{intersection}}$ 的权重之和,即 Loss $= \beta L_{\text{road}} +$

$(1-\beta)L_{\text{intersection}}$。

表 4-1 给出了 MTMSAFM 网络训练过程的概要。首先基于轨迹数据、遥感影像和真值构建训练集（第 1~3 行）。然后，通过反向传播和 Adam 训练 MTMSAFM 网络（第 4~22 行）。

表 4-1　MTMSAFM network 训练

行号	
	输入：轨迹特征图：$\{Tra_0,\cdots,Tra_{n-1}\}$； 遥感影像：$\{RS_0,\cdots,RS_{n-1}\}$； 道路真值：$\{L\_road_0,\cdots,L\_road_{n-1}\}$； 道路交叉口真值：$\{L\_intersection_0,\cdots,L\_intersection_{n-1}\}$；
	输出：MTMSAFM 网络模型 M
	//构建训练集
1	$D \leftarrow \varnothing$
2	for i = 0 to n-1 do
3	将训练集 $(\{Tra_i, RS_i\}, Road\_l_i, Intersection\_l_i)$ 放入 D
	//训练模型
4	Initialize the parameters θ of M
5	repeat
6	randomly select a batch of instances D_b from D
	//encoder block
7	for l = 1 to num(encoders) do
8	$F_R^{(l)}$ = encoder_RS$^{(l)}$ ($\{RS_0,\cdots RS_k\} \in D_b$)
9	$F_T^{(l)}$ = encoder_trajectory$^{(l)}$ ($\{Tra_0,\cdots Tra_k\} \in D_b$)
10	$C^{(l)}$ = AFM($F_R^{(l)}$, $F_T^{(l)}$)
	// center block
11	$D_{road}^{(num(decoders))}$ = decoder_road$^{(num(decoders))}$ ($C^{(num(decoders))}$)
12	$D_{jun}^{(num(decoders))}$ = decoder_intersection$^{(num(decoders))}$ ($C^{(num(decoders))}$)
	// decoder block
13	for m = 1 to num(decoders) -1 do
14	$D_{road}^{(m)}$ = decoder_road$^{(m)}$ ($D_{road}^{(m+1)}$) + $C^{(m)}$
15	$D_{jun}^{(m)}$ = decoder_intersection$^{(m)}$ ($D_{jun}^{(m+1)}$) + $C^{(m)}$ + $D_{road}^{(m)}$
	// prediction block
16	P_road = prediction_block ($D_{road}^{(1)}$)

表 4-1(续)

行号	
	输入：轨迹特征图：$\{Tra_0,\cdots,Tra_{n-1}\}$; 遥感影像：$\{RS_0,\cdots,RS_{n-1}\}$; 道路真值：$\{L\_road_0,\cdots,L\_road_{n-1}\}$; 道路交叉口真值：$\{L\_intersection_0,\cdots,L\_intersection_{n-1}\}$;
	输出：MTMSAFM 网络模型 M
	//构建训练集
17	P_intersection = prediction_block ($D_{jun}^{(1)}$)
	//损失函数
18	$Loss_{road}$ = lossfunction (P_road,L_road)
19	$Loss_{intersection}$ = lossfunction(P_intersection,L_intersection)
20	Loss = $Loss_{road}$ + $Loss_{intersection}$
21	find θ by minimizing the Loss
22	until stopping criteria is met
23	输出 MTMSAFM 网络模型 M

4.3 路网生成

在道路以及道路交叉口的基础上，基于后处理的方式提出了中心线级路网的构建方式，如图 4-10 所示，包括中心线提取、交叉口提取、路网生成三个步骤。

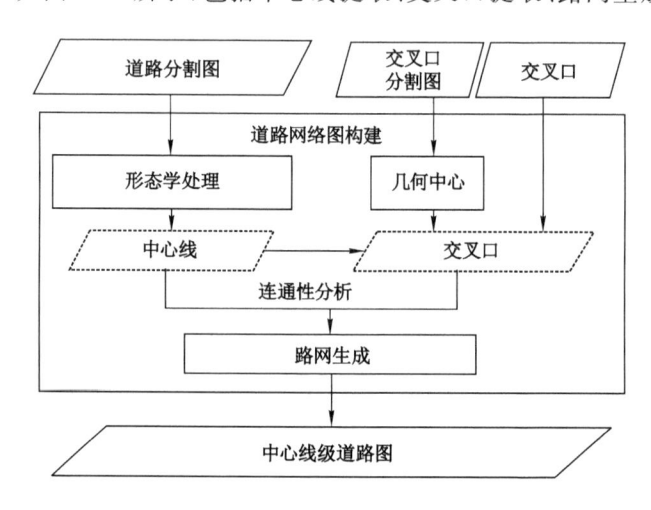

图 4-10 中心线级路网构建流程

4.3.1 道路中心线生成

从道路区域提取道路中心线的常用方法是形态学细化[128]。该算法快速、简便,特别适用于边界平整的道路区域的道路中心线提取[43]。然而,实际中存在因轨迹点稀疏且遥感影像被树木或建筑物遮挡而导致道路提取结果断裂的区域,其在遥感影像中也被树木或建筑物遮挡,使得道路提取结果出现断裂。另外,遥感影像也会引入一些伪路段。

为此,在利用形态学细化提取中心线之前,先对图像进行顾及图像边缘的孔洞填充和噪声消除的预处理。首先,用方形结构单元进行闭运算操作,填补道路孔洞。选用方形结构单元是为了保证道路边界规整,特别是在交叉口区域。然后,设计区域阈值滤波器去除孤立区域。预处理中不使用开运算,以免破坏路网已有的连通性。道路中心线提取流程如图 4-11 所示。

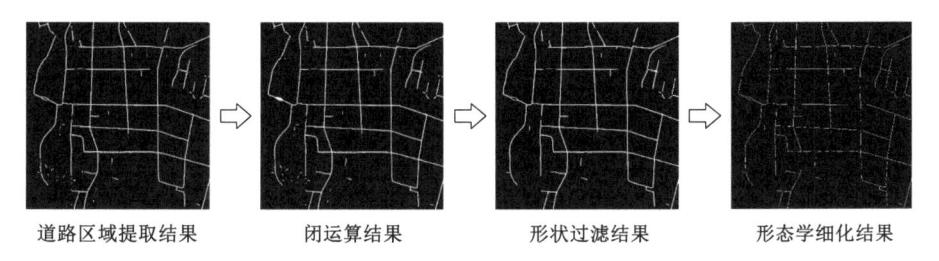

道路区域提取结果　　闭运算结果　　形状过滤结果　　形态学细化结果

图 4-11　道路中心线提取流程

4.3.2　道路交叉口提取

道路交叉口来源有三个方面:基于道路中心线提取、多任务的交叉口分割图、第 3 章的交叉口位置。

基于道路中心线的交叉口提取,是根据逐个计算中心线上像素的连通度得到的,若像素的 8 邻域存在 2 个以上的像素即判定为交叉口像素;基于交叉口分割图的交叉口提取,是首先逐个提取交叉口分割图的几何中心点,然后将交叉口分割图与道路中心线图求交,得到交叉口待定点,并挑选出与几何中心点像素距离最近的一个待定点,若该待定点 10 个像素范围内存在由中心线提取的交叉口,则舍弃该待定点,否则,将该待定点设为交叉口。基于第 3 章的交叉口位置可以直接使用。

4.3.3　路网生成

对道路中心线和交叉口点进行矢量化后,用道格拉斯化简获取平滑的矢量路网网络图[129]。道格拉斯化简的基本原理简述如下。针对任意折线 Polyline = $\{V_i(x_i,y_i) \mid i=1,2,3,\cdots,n\}$，$n$ 为折线的节点数，V_i 为第 i 个节点的坐标 (x_i,y_i)。道格拉斯化简算法首先计算折线上所有的点到折线首尾点虚线的垂直距离，并找出最大距离 $d_{\max}$，将其与限差 D 相比。若 $d_{\max}<D$，将这条折线上的所有节点全部舍去；若 $d_{\max} \geqslant D$，保留 $d_{\max}$ 对应的坐标点，并以该点为界，把折线分为两个部分，对这两个部分重复相同的过程，直到不可再分。其过程如图 4-12 所示。其中，任意节点 $V_i(x_i,y_i)$ 到起点为 $V_m(x_m,y_m)$、终点为 $V_n(x_n,y_n)$ 的直线的距离 d_i 的计算公式如下：

$$d_i = \left| (y_i - y_m)(x_n - x_m) - (x_i - x_m)(y_n - y_m) \right| / \sqrt{(x_n - x_m)^2 + (y_n - y_m)^2}$$

(4-6)

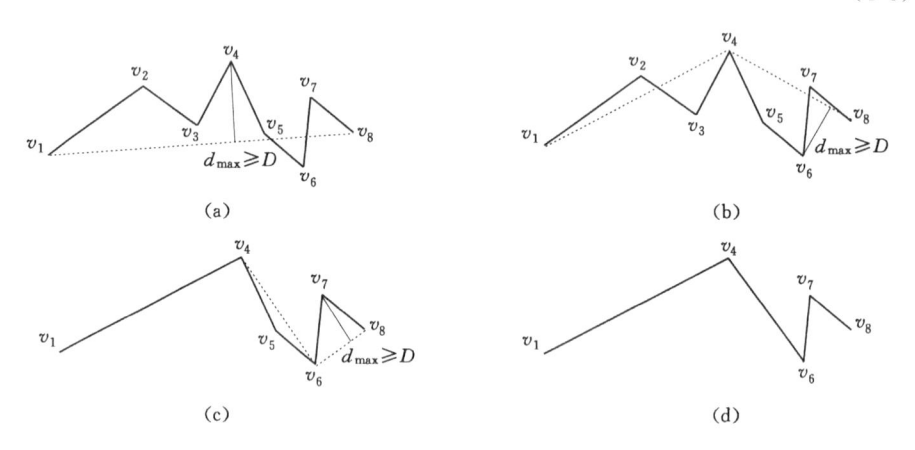

图 4-12　道格拉斯化简过程示意图

4.4　实验与分析

4.4.1　实验数据

目前，利用轨迹-遥感影像提取道路的公共数据集，仅有波尔图（Porto）市数据集[13]。波尔图市数据集包含分辨率为 1 m 的遥感图像数据和宽度为 10 像素、覆盖面积约 195 平方千米的道路地面真实图像，并提供开源轨迹数据集。图 4-13 为本章采用的波尔图市数据集研究范围，大框区域包含训练集与验证集，小框区域为测试集。

在公共数据集基础上还自行制作了两个数据集。其中一个北京市数据集覆

图 4-13　波尔图市研究范围

盖范围广,主要包括北京市西城区,覆盖面积为 88 平方公里,训练集、验证集、测试集的范围如图 4-14(a)所示,以道路较为粗糙的 Open Street Map(OSM)作为真值。另外一个武汉市数据集规模小,其研究范围是在武汉市洪山区选取了 3 个典型区域,如图 4-14(b)所示,真值为人工手动标注,较为精准。

数据集中所有遥感图像都是从谷歌地图 API 中提取的,分辨率约为 50 cm/像素。对于 GPS 轨迹,北京市数据集的轨迹由约 12 000 辆出租车在 15 天内生成,轨迹点采样时间为 2011 年 11 月 1 日至 2011 年 11 月 15 日。武汉市数据集的轨迹由约 2 000 辆出租车生成,轨迹的采样时间为 2014 年 5 月 29 日至 2014 年 6 月 7 日。轨迹的特征图均采用反映道路的轨迹点图、密度图、速度图以及反映交叉口的方向香农图。

在真值生成方面,北京市数据集利用 OSM 生成道路与道路交叉口真值。具体来说,道路真值部分仅选择 OSM 中标注为"highway"的线段;道路交叉口部分,根据属性中 z_order 判断道路位于同一高程后,再进一步计算道路交叉点作为交叉口。武汉市数据集以手工标注为真值,以 OSM 为基础,绘制基本道路图后去除轨迹无覆盖且遥感影像存在遮挡的道路。因为本章的主要任务是道路图像分割,所以需要将道路中心线和交叉点渲染一定宽度后,将其转换为图像。道路真值的宽度设置为 10 m,交叉口的半径设置为 30 m,较大的交叉口半径是为了覆盖大面积交叉口。

在数据集生成方面,北京市数据集的轨迹特征图采用 3 m 分辨率,武汉市数据集和波尔图市数据集采用 1 m 分辨率。需要注意的是,同一数据集下的轨

(a) 北京市数据集

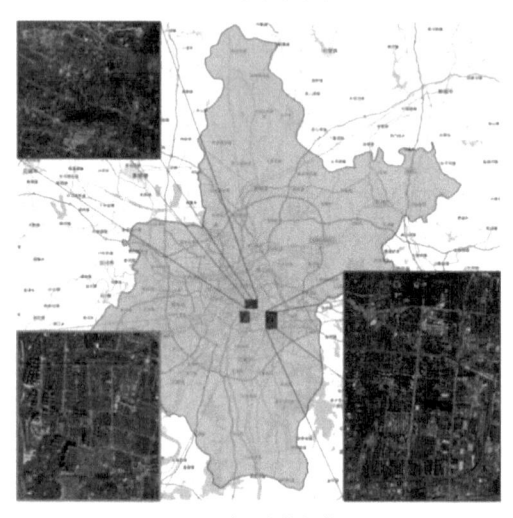

(b) 武汉市数据集

图 4-14 两个自制的数据集

迹特征图与遥感影像要保持同一空间分辨率。除武汉市数据集以 100 m 间隔进行裁剪，其他数据集均采用无重叠的裁剪方式，其中北京市数据集裁剪为 512×512，武汉市数据集和波尔图数据集的样本集大小为 256×256。最终，波尔图市数据集形成了 2 622 个训练样本和 196 个测试样本；北京市训练数据集包含 2 135 个样本，测试数据集包含 165 个样本；武汉市数据集构建了 1 131 个训练样本和 195 个测试样本。图 4-15 为部分样本集示意图。

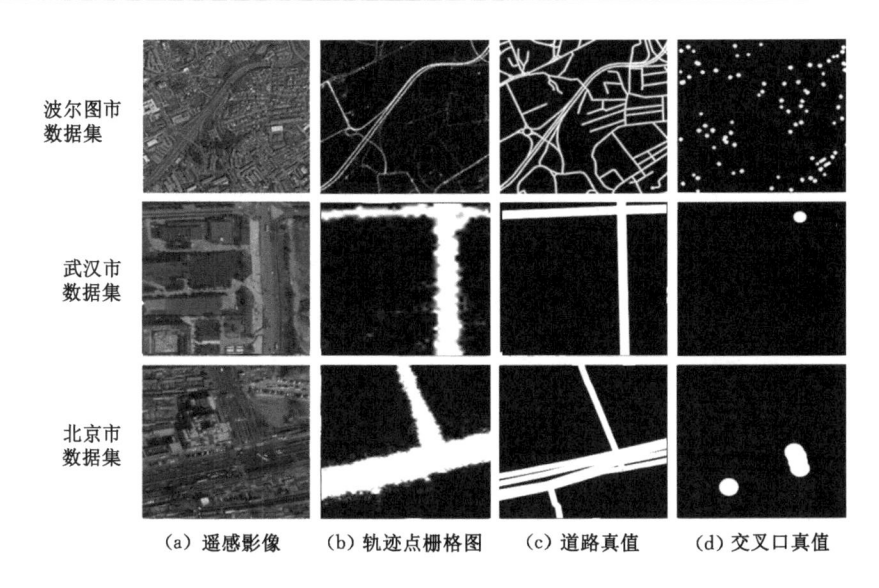

图 4-15 部分样本集示意图

4.4.2 评价指标

为了评估模型的有效性,针对 3 种融合方式的网络进行大量实验。所有深度学习网络均基于 pytorch 框架运行,显卡为 2 个 NVIDIA Titan 1080ti GPU。

在道路中心线区域分割图的评价中,采用 3 个用于像素级语义分割的评价指标[72],包括精确率(precision)、召回率(recall)以及交并比(intersection-over-union,IoU)。

$$\text{Precision} = \frac{TP}{TP+FN} \tag{4-7}$$

$$\text{Recall} = \frac{TP}{TP+FP} \tag{4-8}$$

$$\text{IoU} = \frac{TP}{TP+FN+FP} \tag{4-9}$$

式中,TP、FP 和 FN 分别代表真阳性、假阳性和假阴性的个数。Precision 为网络检测到的真实像素与道路真实像素的比率。Recall 为可以与真值匹配的像素个数与网络提取的所有像素个数的比值。IoU 由 COR 和 COM 计算,是最能综合评价的指标。

在中心线级路网的评价中,引入完整性(COM)、正确性(COR)和质量(Q)[130]评估道路中心线提取的效果。需要应用道路中心线真值、提取的道路中心线结果以及缓冲区半径 ρ[131]。缓冲区半径的引入是由于标记的道路中心线与实际中心线之间存在偏差，故采用缓冲区的匹配方法[132-133]来计算这些指标，也就是说，以宽度为 ρ 的真值缓冲区作为可匹配区域，ρ 设置为 $2^{[71]}$。

$$\mathrm{COM} = \frac{道路真值可匹配的长度}{道路真值的总长度} \tag{4-10}$$

$$\mathrm{COR} = \frac{提取道路可匹配的长度}{提取道路总长度} \tag{4-11}$$

$$Q = \frac{提取道路可匹配的长度}{提取道路总长度 + 真值未匹配的长度} \tag{4-12}$$

4.4.3 对比方法

为了评估本章所提出的网络在道路提取方面的有效性，采用以下四种方法进行比较，这些方法可分为图像分割方法和道路分割方法。

（1）U-Net[63]：U-Net 由编码、跳跃连接和解码三部分组成。编码中的特征通过跳跃连接与解码中的特征连接在一起。

（2）LinkNet[64]：LinkNet 使用残差单元作为编码器块，编码器的特征图与解码器的上采样特征图通过相加的方式融合。

（3）D-LinkNet[67]：D-LinkNet 是 LinkNet 的一个变体，在编码器和解码器之间引入扩展卷积。

（4）LinkNet-1D[10]：LinkNet-1D 也是 LinkNet 的一个变体，用 1D 滤波器取代解码器块中卷积层的传统 2D 滤波器，并将 RS 图像和轨迹连接起来作为输入。

4.4.4 结果分析与对比

4.4.4.1 中心线区域实验对比

（1）武汉市数据集

图 4-16 为应用武汉市数据集对三种融合方法进行比较的结果图，可以发现：输入端融合可以提取一些小路，但道路不太完整；输出端融合提取的道路最多，但是引入一些伪道路；相对来说，指导融合的道路完整度最好，且可以有效提取小路信息。

表 4-2 为三种融合方式的定量对比。从结果可以看出：其与图像的表现一致，具体来说，输入端融合提取的道路最少，错误提取的道路较少，所以 Recall 最高；输出端融合提取的道路最多，但无法保证提取道路的准确度，所以其 Precision 最高，Recall 最低；而指导融合的综合效果最好，所以综合评价指标 IoU 最高。

(a) 真值　　　　　　　　(b) 输入端融合

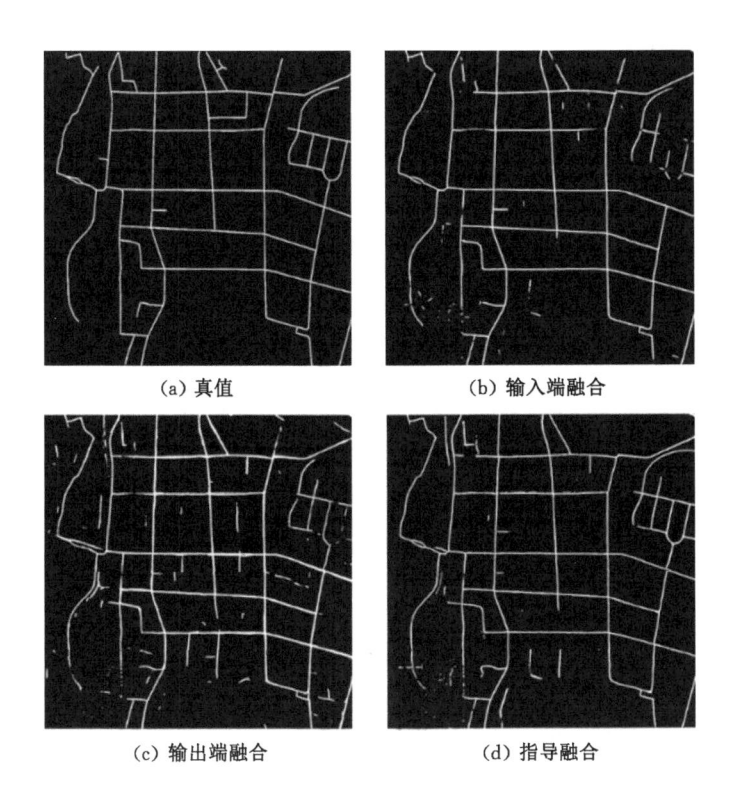

(c) 输出端融合　　　　　　(d) 指导融合

图 4-16　三种融合方式的结果图

表 4-2　三种融合方式的定量对比

融合方式	Precision	Recall	IoU
输入端融合	0.697 1	0.779 9	0.582 5
输出端融合	0.792 0	0.611 0	0.526 6
指导融合	0.716 8	0.766 4	0.588 2

(2) 波尔图市数据集

在对比实验中所有方法都使用相同的数据处理技术，对相同的测试数据集进行评估，输入 RS 图像和轨迹特征图。其中，MTMS 网络是在提出的指导融合(MTMSAFN)基础上，以常规的 Add 方式代替自适应融合模块（AFM）；MSAF 网络是指仅通过融合 RS 图像和轨迹特征图只进行一个任务，与 MTM-SAF 网络具有相同的编码器，但只有一个解码器流，用于道路检测或交叉点提取。

图 4-17 展示了基于波尔图市数据集这一公共数据集的不同深度神经网络的道路提取结果。可以看出：主要道路已经被完全预测，但是对于少量轨迹覆盖的小路和无轨迹覆盖的道路，不同模型的检测性能有所不同，图 4-17(c)中的框代表上述两种情况下的道路提取。除输出端融合和指导融合（MTMSAF）网络，其他网络的提取结果均遗漏该类道路。对于几何结构复杂的道路的检测，只有 MSAF 网络和指导融合网络能够成功获得连续的道路，因为它们都包含自适应融合模块（AFM），可以有效挖掘多源数据的互补特征，而其他无法保证道路的连续性。

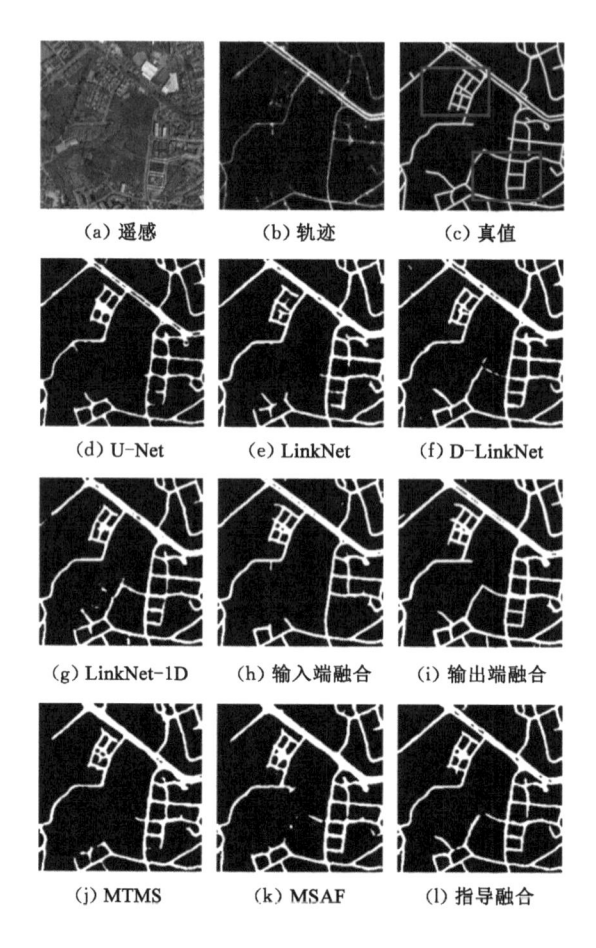

(a) 遥感　　(b) 轨迹　　(c) 真值

(d) U-Net　　(e) LinkNet　　(f) D-LinkNet

(g) LinkNet-1D　　(h) 输入端融合　　(i) 输出端融合

(j) MTMS　　(k) MSAF　　(l) 指导融合

图 4-17　基于 Porto 数据集道路提取结果的可视化比较

通过图 4-18 中的不同方法将道路交叉点提取结果可视化。将交叉点提取结果和道路检测结果叠加在 RS 图像上。可以看出：MSAF 网络和 MTMSAFN 在检测交叉口位置和数量方面表现最好，因为利用了 AFM。

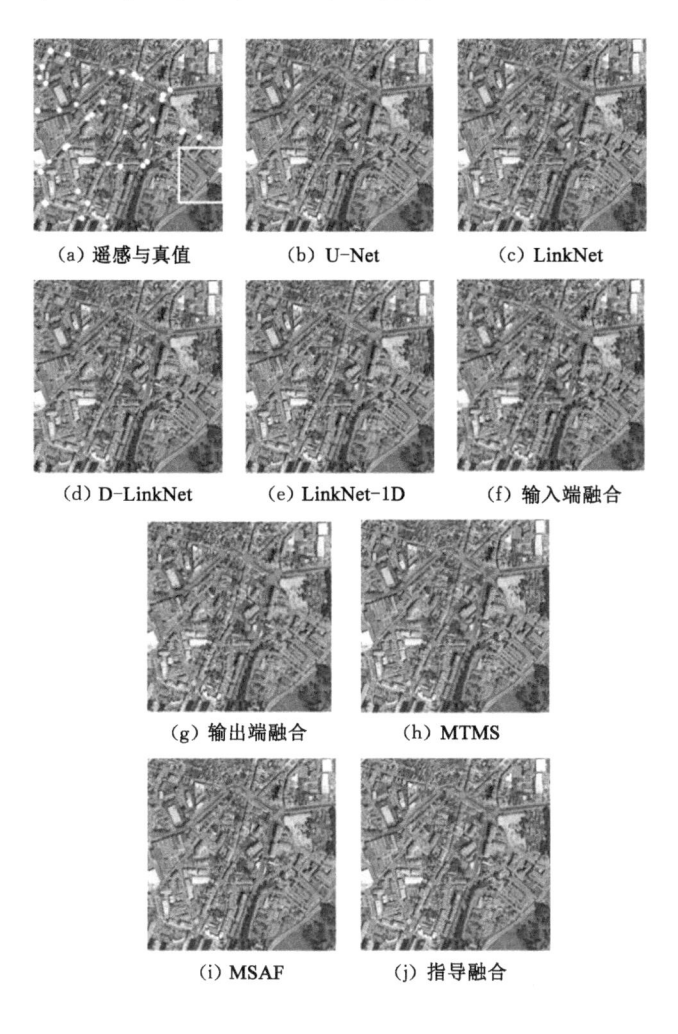

(a) 遥感与真值 (b) U-Net (c) LinkNet
(d) D-LinkNet (e) LinkNet-1D (f) 输入端融合
(g) 输出端融合 (h) MTMS
(i) MSAF (j) 指导融合

图 4-18　基于 Porto 数据集道路交叉口提取结果的可视化比较

表 4-3 列出了不同网络提取的道路信息的定量比较。这些列表示方法名称和三个评估指标，包括整个测试数据集的平均 Precision、Recall 和 IoU。在每列中，用粗体标记最佳结果，用下划线标记次佳结果。在道路和道路交叉口提取结果中，输入端融合、输出端融合和指导融合三个指标分别为最高值，与视觉评估一致。总的来说，提出的三种融合方法的道路信息提取结果优于对比方法的。

表 4-3 基于波尔图市数据集不同网络提取的道路信息的定量比较

网络	道路			交叉口		
	Precision	Recall	IoU	Precision	Recall	IoU
U-Net	0.779 9	0.773 7	0.632 8	0.594 0	0.627 5	0.437 4
LinkNet	0.780 7	0.781 6	0.635 5	0.582 8	0.599 9	0.417 1
D-LinkNet	0.809 0	0.782 3	0.655 8	<u>0.633 2</u>	0.643 9	<u>0.465 5</u>
LinkNet-1D	0.779 8	0.783 0	0.636 5	0.559 5	0.571 3	0.388 1
输入端融合	0.738 6	<u>0.815 0</u>	0.631 0	0.554 5	0.668 1	0.435 5
输出端融合	0.740 5	**0.921 9**	**0.695 5**	0.505 1	**0.806 4**	0.451 5
MTMS 网络	0.781 3	0.792 0	0.646 8	0.598 4	0.646 0	0.448 6
MSAF 网络	<u>0.810 5</u>	0.796 6	0.668 0	0.629 4	0.598 8	0.437 5
指导融合	**0.810 6**	0.811 5	<u>0.680 9</u>	**0.655 9**	<u>0.681 7</u>	**0.499 7**

(3) 北京市数据集

北京市数据集真值由 OSM 生成。图 4-19 显示了整个实验区域采用不同方法时的道路提取结果。在比较方法中,指导融合(MTMSAF)不仅在大框中显示的小道路的完整性方面,还在黄色框中显示的详细信息的分割方面,都取得了最好的结果,这主要归功于自适应融合模块(AFM)可以更好地捕获增强的遥感图像和轨迹信息。

基于北京市数据集采用不同方法获得的道路交叉点提取结果如图 4-20 所示。可以看出:MTMS 网络和 MTMSAF 网络表现最好,可以提取所有交叉口,其他比较方法都不能检测所有交叉口。

(a) 遥感　　(b) 真值　　(c) U-Net

(d) LinkNet　　(e) D-LinkNet　　(f) LinkNet-1D

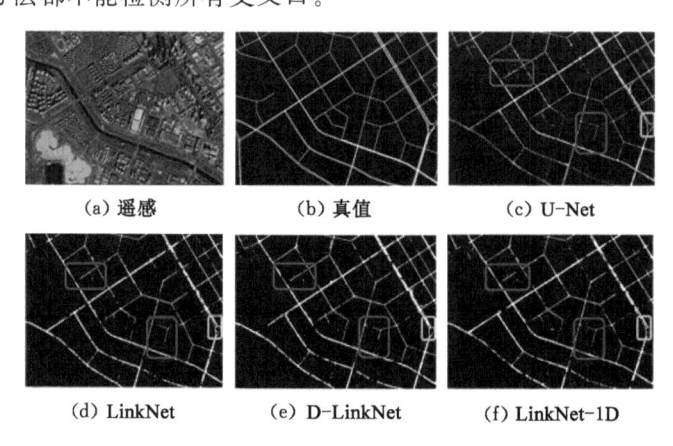

图 4-19　基于北京市数据集道路提取结果的可视化比较

(g) 输入端融合　　(h) 输出端融合

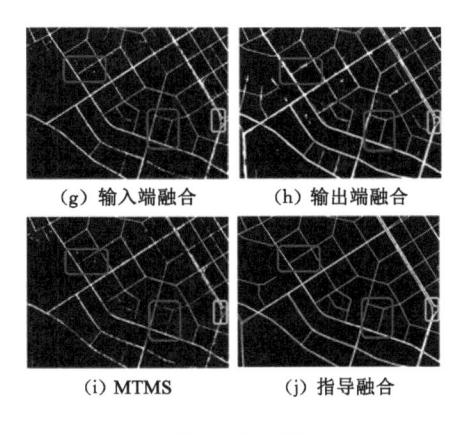

(i) MTMS　　(j) 指导融合

图 4-19　（续）

(a) 遥感　　(b) 真值

(c) U-Net　　(d) LinkNet

(e) D-LinkNet　　(f) LinkNet-1D

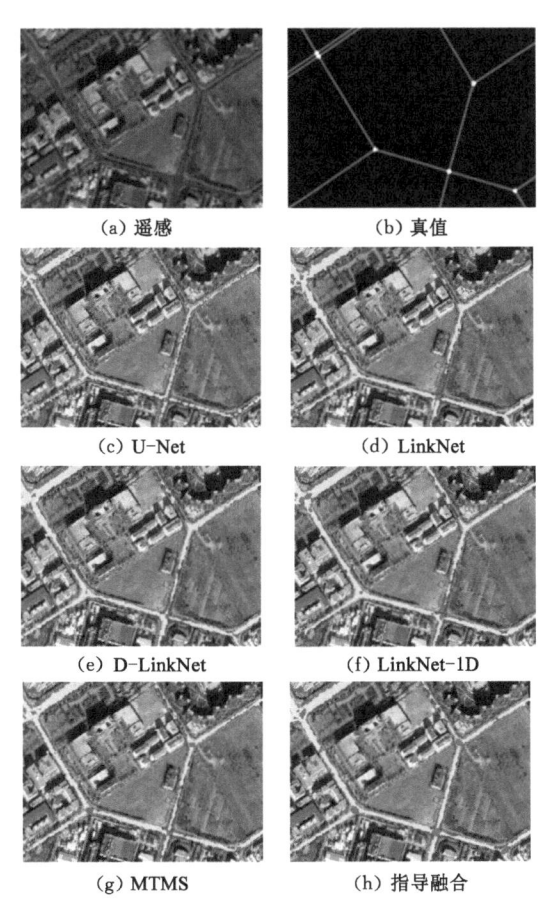

(g) MTMS　　(h) 指导融合

图 4-20　基于北京市数据集道路交叉口提取结果的可视化比较

表 4-4 列出了基于 Precision、Recall、IoU 指标对北京市数据集中道路和交叉口评估的结果。在道路提取方面，融合（MTMSAF）网络的综合效果最好，远高于次优的输出端融合网络的，输出端融合网络提取的道路数量较多，可确保完整性，但无法保证精确性，故其 Recall 最高，而 Precision 最低。但是总的来说，采用提出的三种融合方法的道路信息提取结果优于对比方法的道路信息提取结果。

在道路交叉口提取方面，MTMS 网络和指导融合（MTMSAF）网络在 Recall 和 IoU 指标评价上都优于其他网络的，在 Precision 方面，输入端融合方法较好，但是其余两项指标均为最低，说明其可以提取的大部分正确，但是不能完全提取。但是所有网络的 IoU 值都很低，这可能是由于北京市复杂的交通条件导致 OSM 交叉口标签质量低。

表 4-4　基于北京市数据集不同网络提取的道路信息的定量比较

网络	道路			交叉口		
	Precision	Recall	IoU	Precision	Recall	IoU
U-Net	0.577 1	0.674 7	0.436 0	0.149 2	0.472	0.128 6
LinkNet	0.653 2	0.680 8	0.488 7	0.341 5	0.677 3	0.270 7
D-LinkNet	0.686 3	0.661 6	0.488 3	0.376 7	0.465 2	0.266 9
LinkNet-1D	0.654 4	0.672 3	0.488 6	0.317 4	0.615 2	0.262 2
输入端融合	0.734 6	0.634 0	0.493 6	0.723 4	0.119 4	0.115 6
输出端融合	0.523 1	0.850 0	0.519 3	0.542 9	0.328 6	0.264 7
MTMS 网络	0.687 2	0.669 0	0.490 6	0.395 0	0.782 5	0.334 4
指导融合	0.745 6	0.841 2	0.728 6	0.418 2	0.814 5	0.368 8

4.4.4.2　路网实验对比

为了评价基于特征融合生成路网的质量，以武汉市研究区域为例，将本书提出的融合方法与基于 LinkNet、D-LinkNet 和 U-Net 生成的路网进行了比较，所有网络模型生成道路二值图都采用了相同的后处理来获得最终的矢量中心线级路网。

图 4-21 是对比结果，可以看出：U-Net 提取的道路连接和交叉口比其他 3 个模型要少。D-linkNet、linkNet 和基于特征融合的网络的性能相似，但是在局部地区有所不同。本章提出的 3 个融合网络在细节方面具有优势，因为它们可以避免一些道路中心线断裂（大框），避免产生一些漏提和误提的交叉口（小框）。

(a) D-LinkNet

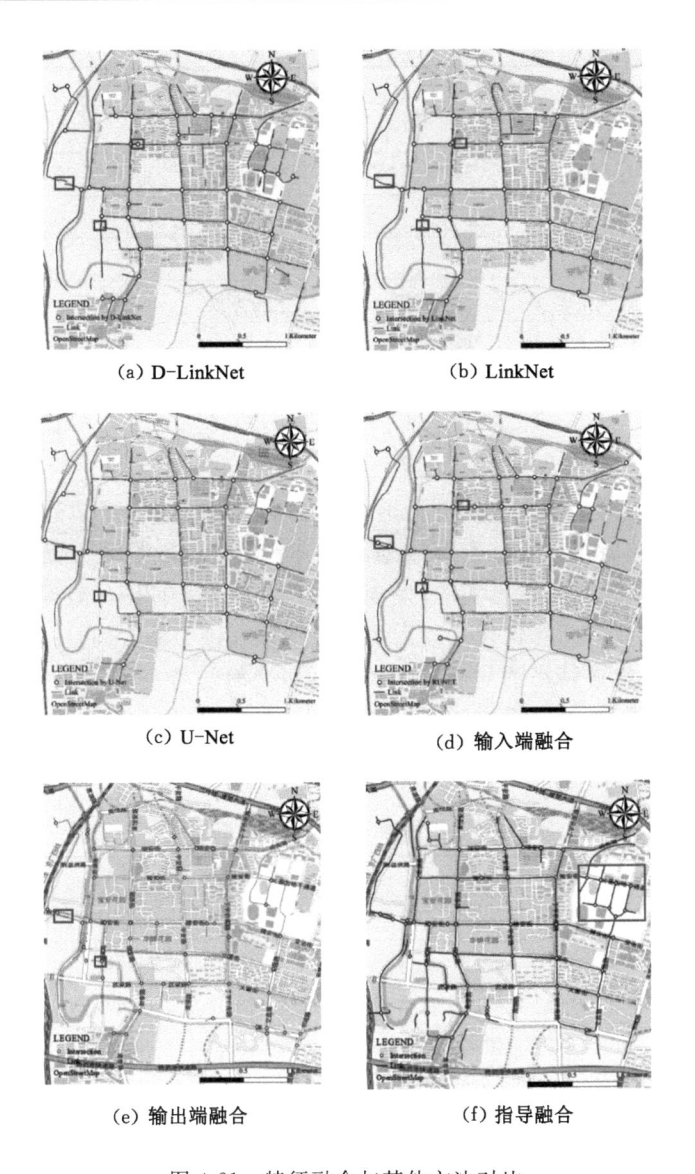

(b) LinkNet

(c) U-Net

(d) 输入端融合

(e) 输出端融合

(f) 指导融合

图 4-21 特征融合与其他方法对比

表 4-5 从定量的角度总结了各个模型的路网提取效果。从表 4-5 可以看出：本章提出的 3 个融合网络在 COR 和 Q 值方面有显著改善。Q 项是一个整体测量，指导融合网络中的 Q 值比次优方法的高 5%，这证明了指导融合网络在中心线级路网构建中的有效性。

表 4-5 模型之间的路网结果比较

方法	COM	COR	Q
D-LinkNet34	0.770	0.802	0.656
LinkNet34	0.747	0.800	0.646
U-Net	0.693	0.834	0.608
输入端融合网络	0.761	0.840	0.672
输出端融合网络	0.751 7	0.829	0.650 7
指导融合网络	0.792 4	0.897 3	0.726 6

4.4.5 讨论

首先基于不同的输入数据进行道路提取实验,包括:基于轨迹数据源融合、基于遥感数据源融合以及基于两数据源融合。在轨迹数据源方面,依次以单一特征图和所有轨迹特征进行实验,发现叠加所有轨迹特征图的效果最佳;在遥感数据方面,直接以遥感影像作为输入的效果比以轨迹为输入的差;在二者融合方面,分别尝试了轨迹特征图与遥感影像叠加以及轨迹特征图与通过迁移学习得到的遥感特征图叠加,结果表明通过迁移学习处理过的遥感数据与轨迹特征图的融合的效果更佳,也是上述所有实验中效果最好的(表 4-6)。

表 4-6 不同输入源的道路提取结果

数据源	输入图像	COM	COR	Q
出租车轨迹	密度图	0.629	0.778	0.532
	轨迹点图	0.628	0.784	0.538
	速度图	0.618	0.773	0.525
	特征图集合	0.651	0.816	0.564
遥感影像	原始遥感影像	0.427	0.438	0.300
轨迹和影像	原始遥感影像 & 轨迹特征图集合	0.685	0.836	0.606
	影像特征图 & 轨迹特征图集合	0.761	0.840	0.672

为了在视觉上展示单一数据源对道路提取的限制,图 4-22 展示了基于遥感影像、轨迹特征图、遥感特征图和轨迹特征图融合提取的道路图。基于遥感能够识别一些轨迹无法提取的小路,如住宅区域的道路,这是因为此类区域缺乏轨迹点覆盖。而遥感提取道路的连通性不如轨迹数据,并且存在一些被伪道路。轨迹特征图和遥感特征图融合,可以形成一定的互补,提取出精度较高且较为完整

的道路。

(a) 基于遥感影像提取的道路图　(b) 基于轨迹特征图提取的道路图　(c) 基于遥感特征图与轨迹特征图融合提取的道路图

图 4-22　道路提取结果

为了评估模型损失函数,即 $\text{Loss} = \beta L_{\text{road}} + (1-\beta) L_{\text{intersection}}$ 中权重参数 β 对多任务学习的影响,通过将 β 权重参数设置为 $0.2 \sim 0.8$ 来评估模型。结果如图 4-23 所示。通过多次实验发现,当 β 设置为 0.5 时,所提出的 MTMSAF 网络在道路提取和交叉口检测任务上都达到了最佳性能。

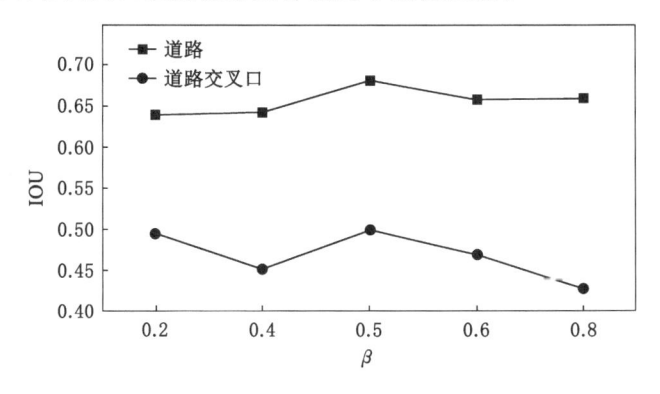

图 4-23　权重参数 β 的影响

4.5　本章小结

在基于深度学习技术的道路提取方面,提出了车辆轨迹与遥感影像道路的三种融合方法,包括输入端融合、输出端融合以及指导融合。从结果来看,不论是哪种方式,多源数据融合的结果都优于单源数据结果。三种融合方式相比较,指导融合的效果最好,这是由于在特征融合方法中,只是对两数据源的特征通过叠加的方式进行融合,未能在不同尺度挖掘两特征之间的互补信息。而指导融合的方式,不但特征图逐层级通过双向指导机制进行了融合,而且引入交叉口提取任务,提升了道路提取的质量。

5 多阶段融合的立交桥精细结构生成

上两章重点关注中心线级路网结构的生成,包括道路交叉口识别和道路中心线提取。但是在城市路网中还存在一些内部结构比较复杂的交通单元,比如立交桥。立交桥呈现与交叉口、中心线完全不同的特征,比如内部道路几何线性结构多样、道路密集且相互交织以及拓扑连接关系复杂,使得前两章的研究方法难以直接应用于生成立交桥。然而,立交桥作为承载大运输量交通和缓解交通拥堵的大型枢纽,在城市路网中发挥着不可或缺的作用。通过测量车数据绘制的立交桥路网的传统方法成本高、速度慢,因此,基于现有众源时空数据提出一种立交桥内部精细结构自动生成的方法至关重要。

车辆轨迹数据和遥感影像为立交桥精细结构提供了数据支持,但是生成复杂立交桥空间精细结构仍是一项极具挑战的任务。一方面,立交桥区域结构复杂,其内部包含主路与匝道等多种类型的道路以及上下层这一类非平面的道路,并且道路密集且纵横交错,使其具有复杂的拓扑关系;另一方面,立交桥区域内的数据质量更差,GPS 轨迹是受立交桥上层道路体的遮挡,存在大量轨迹点漂移或信号缺失的现象。同时,遥感影像中只显示上层道路信息,下层道路信息被遮挡。

据此,本章以 GPS 轨迹为主,遥感影像为辅,提出一种多源数据多阶段融合的立交桥精细结构生成方法,以应对立交桥生成中的挑战。首先,提出方向"拆分-合并"的策略,在有效区分上下层道路与邻近双向道路的同时,确保弯曲道路的完整性,并且通过开创性的带方向矢量化方法,赋予道路矢量线方向;其次,利用初始道路以及影像中道路边界线,提出有指导、带约束的影像分割方法,在轨迹提取道路的基础上补充影像获取的道路,以确保道路的完备性;再次,通过高置信度轨迹与生成的路网进行带方向的地图匹配,从而进行新道路补充、伪道路剔除以及拓扑修正,以确保道路的拓扑连接性;最后,利用遥感影像进行道路层次信息分析,获取立交桥上下层信息,从而获取"几何-有向-拓扑-层级"的立交桥精细结构。

5.1 总体技术路线

图 5-1 为本章方法的技术路线图。在第一阶段利用轨迹数据提取道路包括

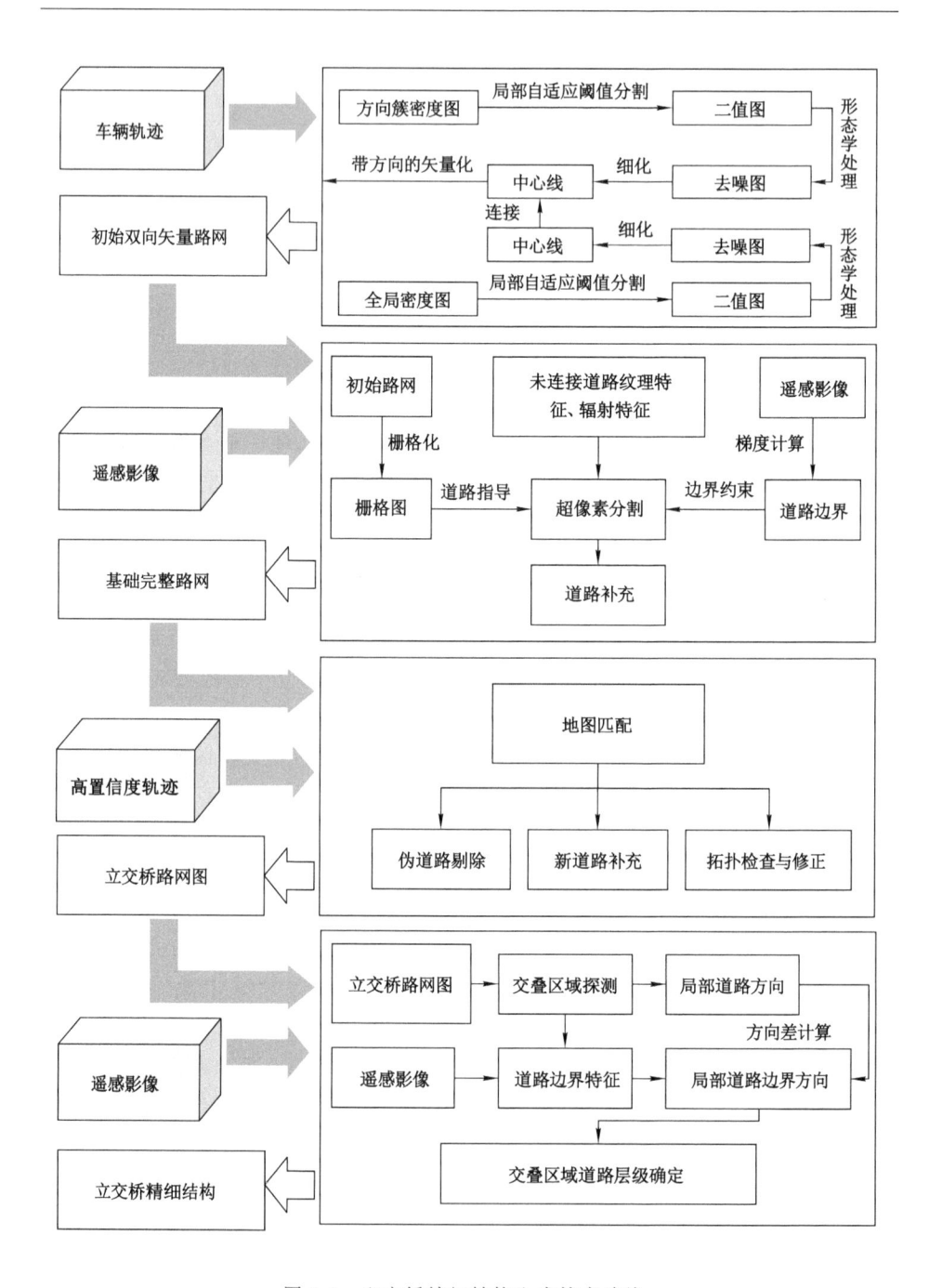

图 5-1 立交桥精细结构生成技术路线

三个重点:(1)提出方向拆分的思想,通过方向密度图分别捕捉道路的几何形状和方向,例如立交桥/地下通道、主要道路/坡道、邻近双向道路;(2)提出融合方法,以全局方向密度图的道路中心线作为方向密度图中断裂道路的连接依据;(3)提出带方向的矢量化方法,将栅格图的方向赋予道路矢量图。

在第二阶段利用遥感影像,基于道路为指导、道路边界线为限制的超像素分割法对初始双向图中的断裂道路进行补充。

在第三阶段利用质量高且剔除无关轨迹的高置信度轨迹对现有路网进行迭代式更新,即每一次更新都建立在前一次的基础之上,从而不断改进原有路网质量。更新主要问题包括拓扑修正、缺失道路补充以及伪道路剔除。

最后阶段为路网补充道路层级信息,通过探测生成路网的伪节点获取伪节点区域的道路的局部方向以及道路边界的局部方向,通过方向差的比较确定高层道路信息。

5.2 基于轨迹方向"拆分-合并"的初始有向图提取

导致立交桥精细结构难以获取的主要问题是其上下层道路相互交叠,同时还有主辅路交织的问题。为了区分不同方向的道路,提取类型全面的有向道路矢量图,提出了一种基于方向拆分合并思想的道路构造方法。其核心思想是采用方向拆分策略提取有向道路矢量图,再利用合并策略提高方向性道路地图的完整性。

5.2.1 基于方向拆分的有向路网提取

5.2.1.1 方向拆分的道路密度图

车辆轨迹点朝向与道路方向均以正北方向为$0°$,沿顺时针方向,取值范围为$[0°, 360°)$,并且正常行驶的车辆轨迹点朝向与道路方向基本一致,可以根据轨迹点的朝向提取不同方向道路。为此,提出一种基于方向拆分思想的道路提取方法,以区分空间交叠但方向不同的上下层道路,或是邻近的双向路。

基于方向拆分的思想,首先将道路方向等分为两个以上的方向簇,拆分方向簇的数量影响后续的道路提取。具体来说,拆分数量设置少,道路被打断的节点较少,但可能无法区分两条空间交叠但方向处于同一方向簇的道路;方向拆分的数量多,可以有效区分方向邻近的上下层道路,但是生成的道路完整性差,被切分为多段。

然后,根据方向簇范围筛选每个方向簇的轨迹点数据,并将它们转换为轨迹点密度栅格图。密度图中,每个格网的像素值代表落入该格网的轨迹点个数。为了便于显示,利用式(5-1)对各个方向簇下的密度图全局归一化,使图像的像素值均处于[0,1],再乘以255,得到方向密度图。

$$P_{\text{norm}} = \frac{p - p_{\min}}{p_{\max} - p_{\min}} \tag{5-1}$$

式中,P_{norm}为轨迹化后的像素值;p为格网的轨迹点个数;$p_{\max}$为格网中轨迹点数量的最大值;$p_{\min}$为格网中轨迹点数量的最小值。

5.2.1.2 道路中心线提取

由于立交桥中主路与匝道车流量有显著差异,主路车流量较大,轨迹点密集,匝道车流量小,轨迹点稀疏,难以选择合适的全局阈值进行道路二值化。具体来说,全局阈值设置过大容易导致道路提取不全面,丢失轨迹点稀疏的匝道信息;阈值设置过小会引入大量的噪声。为了减弱轨迹点分布不均匀带来的影响,引入局部自适应分割方法,即像素二值化阈值由其邻域像素分布决定,以兼顾主路与匝道信息的完整获取。具体为:通过 $r \times r$ 大小的滑动窗口获取局部邻域块内的像素后进行高斯加权求和,并以其作为二值化分割阈值[134]。

在二值图的基础上,通过形态学处理的开闭算子进行孔洞填补和噪声去除后,再应用 T. Y. Zhang 等[135]提出的快速并行细化算法,得到一个像素宽度的道路中心线。

5.2.1.3 带方向的矢量化

在道路中心线栅格矢量化时提出了顾及方向的矢量化方法,该方法的主要思路是将方向栅格图的信息赋予矢量道路中心线,使矢量道路中心线具有方向性,具体分为以下三步:

首先,将方向划分出北向、南向、东向、西向四个方向域,四个方向域均占180°,且方向域之间有相互重叠之处(图5-2)。

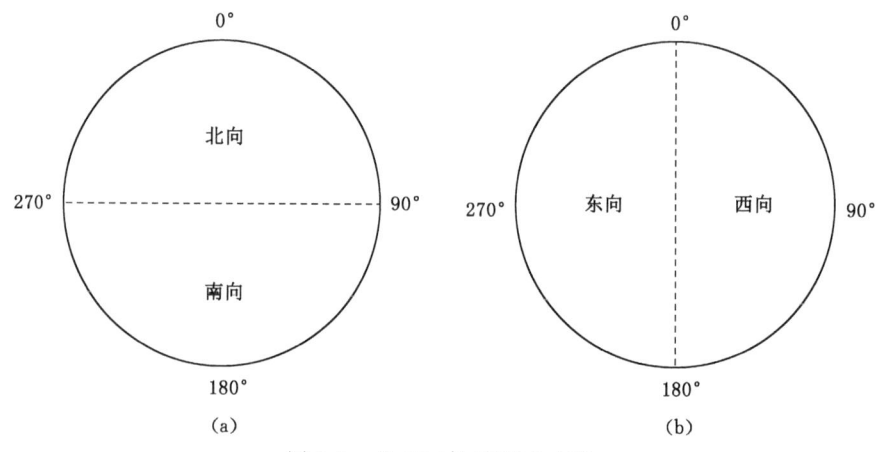

图5-2 北、西、南、东四个方向

然后设定各个方向域的中心线矢量化规则,以将各个方向域的信息赋予矢量线。也就是说,某一方向域的道路中心线在矢量化时其道路矢量线首尾点的经度差或纬度差应与该方向域的规则一致。如朝北方向域的矢量线要满足起点的纬度(Lat_{start})小于终点的纬度(Lat_{end})。四个方向域的范围和矢量道路中心线满足的规则见表5-1。

表 5-1　各方向域的矢量线规则

方向域	范围	矢量中心线规则
朝北	$[270°,360°),[0°,90°)$	$Lat_{start} < Lat_{end}$
朝东	$[0°,180°)$	$Lon_{start} < Lon_{end}$
朝南	$[90°,270°)$	$Lat_{start} > Lat_{end}$
朝西	$[180°,360°)$	$Lon_{start} > Lon_{end}$

最后,判断方向密度图所属的方向域,若方向密度图的方向簇范围完全被包含在某方向域内,则按照该方向域的矢量中心线规则,对矢量中心线的方向进行修正。例如,若方向道路密度图属于朝东方向域,即范围属于$[0°,180°)$,在道路矢量化后,基于该方向图得到的所有矢量中心线应满足起点的经度(Lon_{start})小于终点的经度(Lon_{end})。需要注意的是,若方向密度图属于两个方向域,则矢量后的道路中心线需要满足这两个方向域的规则。

5.2.2　道路合并策略

基于方向拆分策略能够提取具有方向的道路(记录为R_{dir}),但是由于覆盖多个方向簇的曲线道路被划分为多个路段,使其生成的道路往往不连续,出现很多路段碎片。而基于全局生成道路密度图(记录为R_{all})提取的道路相对完整,但是无法获取道路方向信息。为了结合这两种方法的优势,获取有方向性且完整的道路图,提出了道路合并策略,其主旨是将R_{all}提取的道路中心线作为R_{dir}路网内中断道路的连接依据,其中的关键和难点是自动捕捉R_{dir}中需要合并为一条道路的路段对。该策略的过程如图5-3所示,包括方向图交叠区域探测、道路中断处提取以及道路合并三个步骤。

(1) 方向图交叠区域探测。若一个像素含有两个方向簇的道路信息,说明此处的道路可能因为方向拆分被分割为两段,属于中断道路的潜在区域。为此检测出方向叠加图包含两个方向的区域,并将它们矢量化为多边形。

(2) 道路中断处提取是基于方向图重叠区域筛选出中断路段。筛选方式为计算R_{dir}中线段的起始点,将其与重叠区域多边形进行叠加分析。若多边形内不包含端点,则将该区域视为上下层道路的交叠区域,不做处理;若多边形内包

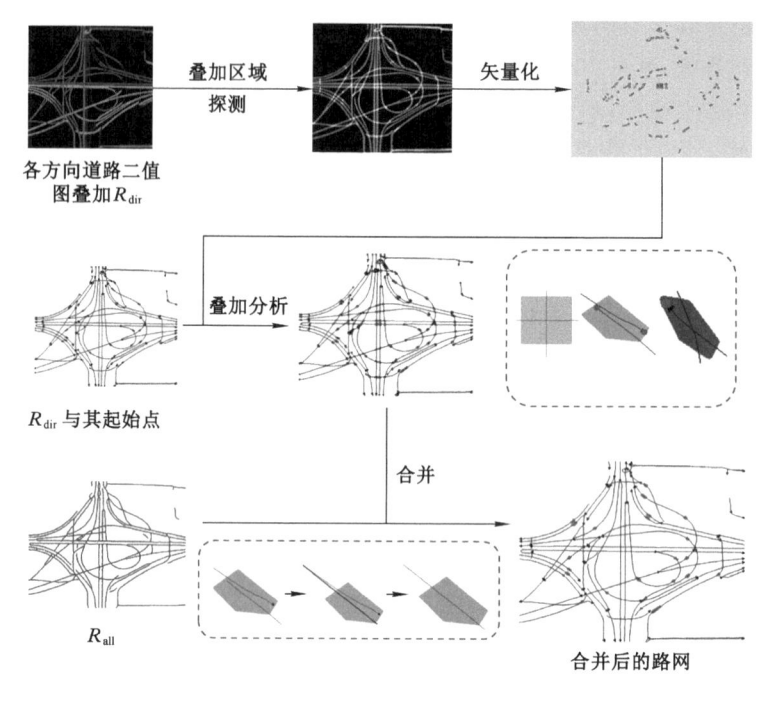

图 5-3　道路合并过程

含一路段的起点与另一路段的终点,则两路段被划分为中断的道路对,需要进行合并处理;若多边形中有 2 个以上的端点或只有 1 个端点,则将该区域标记为待检核区域,需要人工核查。

(3) 合并是以 R_{all} 作为不连续路段对的连接依据。具体来说,将 R_{all} 中心线与不连续道路对交点之间的部分作为两条道路几何连接的基础,然后将道路对和中间连接部分合并为一条只有两个端点的道路,删除冗余部分。此外,连接部分的方向应与其连接的前后路段保持一致。

5.3　基于遥感影像"带指导有约束"的道路连接

基于轨迹提取的初始有向道路图中仍存在道路缺失的现象,这是由于一些道路轨迹覆盖率很低甚至缺乏。另外,在遥感影像上,道路与其他地物之间存在明显的道路边界线。为此,设计以初始道路图为种子线和以道路边界线为限制的"带指导有约束"的遥感影像超像素分割方法,以进一步对初始有向道路图中的道路进行补充,同时避免引入无关信息。该方法实现的关键是在超像素分割过程中添加初始图为前景的指导条件,道路边界线为背景的约束条件[136]。

5.3.1　包含道路分界线的分道路区域获取

考虑道路边界为亮白色,应用顶帽运算,得到原图中比周围区域更明亮的区域,如道路边界线、白色车辆以及其他明亮地物。为了剔除路面区域的噪声,仅保留道路边界线以及其他非道路区域,进一步应用几何特征进行筛选,包括白色图斑的面积以及长宽比。其中,白色图斑的面积用于去除小型噪声,图斑的长宽比用于剔除非细长状的面状区域。基于两个参数筛选后,路面上的车辆、车道分界虚线被有效剔除,得到道路边界线和大面积的非道路区域。基于遥感影像包含道路边界线的非道路区域的提取示意图如图 5-4 所示。

(a) 遥感影像灰度图　　(b) 顶帽运算

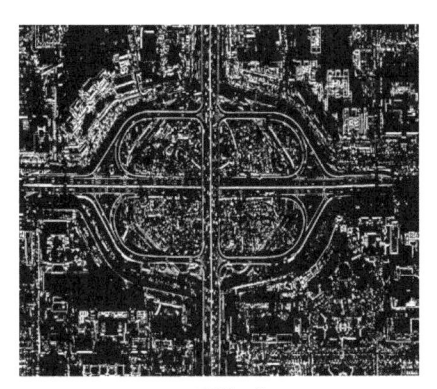

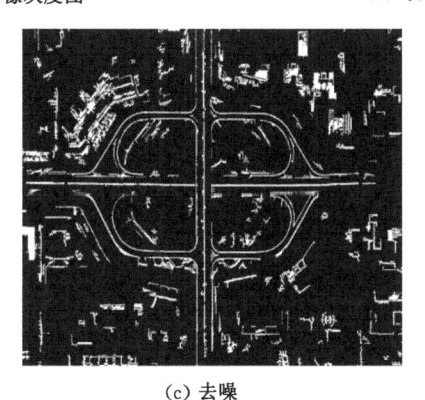

(c) 去噪

图 5-4　基于遥感影像的道路边界线提取

5.3.2　道路分割图

基于超像素分割的遥感影像道路分割,利用简单线性迭代聚类算法(simple

linear iterative clusting, SLIC)[137]对影像进行超像素分割。先将遥感图像的 RGB 空间转换到 CIELab 空间,二者的转换公式如式(5-2)所示。为了满足以初始道路作为引导,道路分界线区域作为限制的约束,将初始道路所在像素的类别设为前景,将道路分界线区域的像素类别设为背景,进而得到初始包含前景与背景类别的像素集合 $S_k = \{P_k, C_k\}$,k 为初始道路或道路边界区域,P_k 是 k 所对应像素,C_k 是 k 的类别。根据集合中 k 所在的超像素单元,统计 k 累计直方图,记作 Hist_k。需要注意的是,初始道路可能与道路分界线区域存在相交处,需要将此类像素从初始设置类别的像素集中移除,不参与前景与背景的直方图计算,从而对这些争议区域的所属类别重新计算。

$$\begin{cases} L = 0.212\ 6R + 0.715\ 6G + 0.072\ 2B \\ a = 0.325\ 9R - 0.499\ 3G + 0.173\ 3B + 128 \\ b = 0.121\ 8R + 0.378\ 6G - 0.500\ 4B + 128 \end{cases} \quad (5\text{-}2)$$

然后,以超像素为单元 x_i,建立超像素的图模型。在此基础上,构建超像素单元与前景以及背景的关系式 $f(x_i)$,同时根据三角网构建其与周围相邻单元的关系式 $g(x_i, x_j)$,并以两者之和作为该超像素单元的能量函数,按照最小分割最大流的原理总体图模型的能量函数 $E(x)$,从而为图中的每个超像素单元分配前景或背景标签。

$$E(x) = \sum_i f(x_i) + \sum_{i,j} g(x_i, x_j) \quad (5\text{-}3)$$

其中,$f(x_i)$ 可以进一步展开[式(5-4)],若 x_i 与 P_k 存在交集,则 x_i 的类别判定为 C_k 的损失为 0;若 x_i 与 P_k 不存在交集,则需要根据 KL 散度(Kullback-Leibler Divergence, KLdiv)计算将 x_i 的类别判定为 C_k 的损失,KL 散度值越小说明超像素单元与 C_k 越近似。

$$f(x_i) = \begin{cases} 0 & (x_i \cap p_k \neq \varnothing \text{ 且 } C_i = C_k) \\ \text{KLDiv}(\text{Hist}_i, \text{Hist}_k) & (x_i \cap p_k = \varnothing) \\ \infty & (\text{其他}) \end{cases} \quad (5\text{-}4)$$

$g(x_i, x_j)$ 也采用 KL 散度评价两个超像素单元之间的像素相似性,KL 散度值越小,二者属于同一类的概率越大。同时,在二者之间形成分割边的成本越高。

$$g(x_i, x_j) = \text{KL Div}(\text{Hist}_i, \text{Hist}_j) \quad (5\text{-}5)$$

总的来说,通过带约束的遥感影像超像素分割方法,不仅通过初始道路顾及了道路呈条带状,还通过道路边界限制获得了分割约束,减弱了 SLIC 本身易造成超分割造成的影响。但由于研究区域较大,直接进行 SLIC 分割难以划分出精细的超像素单元。为此,将研究区域的遥感影像、初始道路二值图及道路边界图统一配准后,切分为多个空间对齐的切片,并将三者的切片作为带空间约束的超像素分割方法的输入,而基于方法输出结果生成的道路中心线作为缺失道路的补充依据。

5.4 基于地图匹配的拓扑检查

基于轨迹和遥感影像得到的立交桥内部路网具有道路几何形态的连续性以及方向性,但无法保证其拓扑连接的正确性。如图 5-5 中方框,没有有效区分方向邻近的上下层道路。同时,位于下层的小匝道,由于轨迹较少且道路影像被遮挡,导致这一类路段的缺失。为了解决上述问题,生成几何更完整、拓扑准确的立交桥有向道路数据,提出迭代式地图匹配方法。通过高置信度轨迹筛选、顾及立交桥多层级结构的地图匹配、匹配结果分析与处理三个步骤,实现对立交桥路网的新道路补充、伪道路剔除以及拓扑的检查与修改。其中,迭代式地图匹配方法是指采用"地图匹配-结果分析与处理-更新"过程进行螺旋式迭代,即每一次更新都建立在前一次的基础之上,从而不断改进原有路网质量。

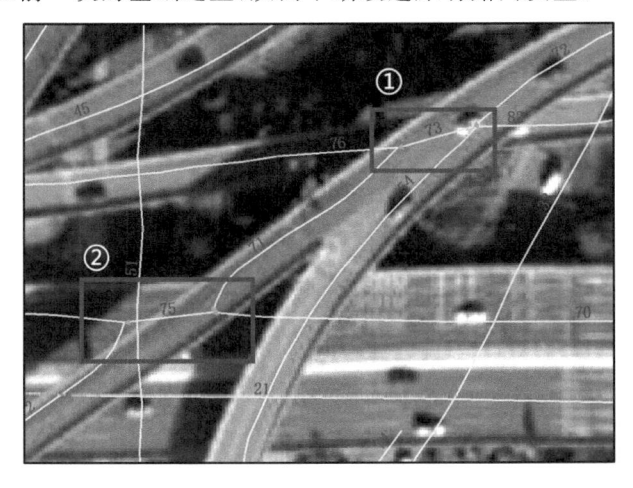

图 5-5　错误拓扑连接示例

5.4.1　高置信度轨迹筛选

GPS 轨迹数据由连续的航迹点记录组成,数据量巨大。此外,由于信号中断和设备不准确,采样点容易产生定位误差。考虑到低质量的轨迹在地图匹配时可能会引入拓扑错误,并且需要进行大量计算,为此,采用基于初始过滤、基于立交桥进出口范围的过滤和基于生成路网的过滤的方法提取高质量轨迹(图 5-6)。

(a) 初始过滤结果 　　(b) 基于立交桥进出口范围的过滤结果

(c) 基于生成路网的过滤结果

图 5-6　高置信度轨迹筛选过程

(1) 初始过滤

轨迹初始过滤主要通过一系列预处理手段对数据的质量进行控制,包括停留点移除、采样点丢失处轨迹打断、异常采样频率的轨迹剔除。在第 2 章已经介绍了前两者的计算方法,这里主要介绍异常采样频率的轨迹剔除方法:计算每条轨迹的采样间隔方差和采样间隔的平均值,若其大于方差阈值 c,或平均值较大,则认为采样设备信号不稳定,其质量可信度不高,将其从数据中剔除。

(2) 基于立交桥进出口范围的过滤

初始滤波后,可能仍然存在一些长度较短的轨迹,该类轨迹由于不能完全反映道路几何形状,导致其无法提供连续的道路连通信息,甚至存在一些与立交无关的轨迹,为了消除以上轨迹,设置立交桥出入口范围,仅保留起点和终点出口范围的轨迹。其中,立交桥出入口范围的设置方法为:判断方向密度图的所属方向域,若其属于东、北两个方向域,那么以图像东侧和北侧第一行的道路图像素作为立交桥出口范围的划定依据;以图像东侧和北侧的相反方向,即西侧和南侧第一行的道路图像素作为立交桥入口范围的划定依据。集成各个方向密度图得到的立交桥出入口作为整个立交桥出入口范围。

（3）基于生成路网的过滤

在高质量轨迹的基础上,基于生成路网过滤掉大量因位置偏移而经过非道路的轨迹,仅保留少量且具有代表性的高置信度轨迹,该类轨迹穿过道路的长度应该大于其穿过非道路的长度。对于一条轨迹来说,T 用于定义轨迹通过道路缓冲区的长度占轨迹总长度的比例,T 较小说明轨迹中只有部分通过了道路缓冲区,大部分在非道路区域,剔除该类轨迹即可得到较好描述道路的高置信度轨迹。

5.4.2 顾及立交桥多层级结构的地图匹配

地图匹配是将轨迹点匹配到路网的路段上,从而建立轨迹采样点序列与路网路段序列的索引关系,这对于分析路段之间的连通关系具有重要意义。本章选用经典的基于改进的隐马尔可夫模型(hidden Markov model, HMM)算法[138]进行轨迹数据的地图匹配,改进内容主要包括三点：(1) 修改原方法中匹配中断问题;(2) 设计顾及路网的有向性匹配算法;(3) 针对立交桥三维空间结构改进匹配过程。

在 HMM 的地图匹配过程中,若路网存在问题,如道路缺失或者拓扑未连接,会导致轨迹点无法有效匹配,进而引发匹配算法的中断。而此类问题路段的上下关联路段是修正问题路段的基础,为此提出获取完整轨迹序列的道路匹配信息的方法：以造成匹配中断的轨迹点作为完整轨迹的分割点,并在其可匹配的路段标识处标记"NULL",然后对其之后的轨迹片段再次进行地图匹配,直到最后一个轨迹点匹配完成,最后输出完整轨迹序列所匹配的路段顺序。

生成的路网具有方向性,为此在匹配过程中提出道路-轨迹的方向约束,即轨迹点朝向应与道路方向具有一样的方向。具体为：计算轨迹点在路段的投影点,获取与其前后相邻的路段节点位置,并按照 2.2.4 中朝向计算公式计算路段方向。若轨迹点朝向与路段方向之差不在阈值范围内,则将其从候选路段集中剔除。

HMM 主要针对平面路网,三维路网与平面路网的主要区别是在二维平面中存在相交但是没有节点的道路。三维路网的这个特点导致 HMM 无法直接应用于三维路网,解释如下。对于轨迹点序列 $\{p_1, p_2, p_3, p_4, p_5\}$,以及路段 a 与路段 b,p_1 点在匹配时存在 a 和 b 两个候选路段,但由于立交桥的三维结构,p_1 在路段 a 出现了两个投影点 a_1 和 a_1',但由于 HMM 算法针对一个路段只能选取一个投影点参与后续计算,a_1 的投影距离小于 a_1' 的投影距离,故选择 a_1。而 a_1 与 a_2 的路径距离大于 b_1 与 b_2 的路径距离,故 p_1 和 p_2 被错误匹配至 b_1 与

b_2,由此造成 HMM 算法无法直接应用于三维路网。为了解决这个问题,改进 HMM 仅能选择一个投影点的约束,即把一个点在一条路段上的所有投影点都加入后续计算过程。HMM 应用于三维路网平面示意图如图 5-7 所示。

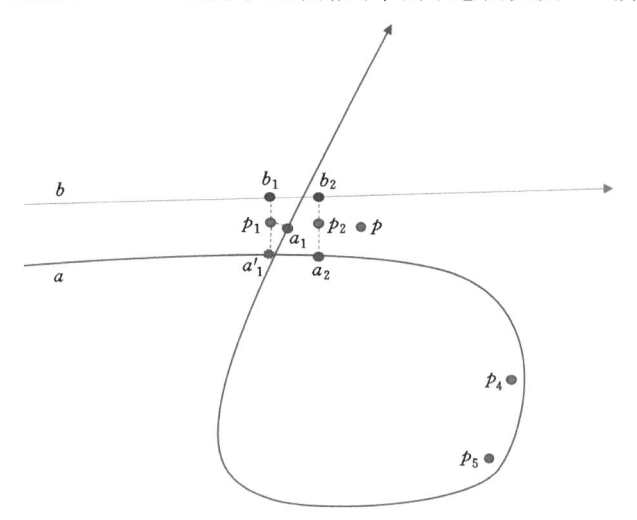

图 5-7　HMM 应用于三维路网平面示意图

5.4.3　匹配结果分析

匹配结果分析首先是对存在未正确匹配"NULL"标识的轨迹(失配轨迹)进行处理,从而补充路网中的缺失道路和缺失拓扑连接;其次是对无轨迹点匹配的道路进行剔除;最后是在所有轨迹点都正确匹配的情况下剔除多余的道路连接关系。

5.4.3.1　失配轨迹处理

在轨迹匹配结果方面,重点分析失配轨迹。出现此类情况的原因一般有以下三点:(1) 道路的几何形态缺失;(2) 两道路之间连通,但未生成拓扑连接;(3) 高架等遮挡物干扰 GPS 信号接收,造成轨迹点位置漂移。综合来看,此类情况主要是现有道路的几何或拓扑信息不完整所导致的,因此,基于同类别未正确匹配的轨迹簇所提取出的道路信息,对现有道路网络进行补充。

考虑到每一个类别的经典轨迹可以作为该类轨迹簇整体运动模式的代表,且轨迹的路径可以代表真实道路,在同类轨迹簇中计算出一条经典轨迹作为新道路。

首先,按照轨迹经过路段的序列号将未正确匹配的轨迹分为多个簇。

其次，应用最优代表性合并方法（best representative merge）从每个簇中选择一条与簇中所有轨迹整体最相似的轨迹作为经典轨迹[139]，并以该经典轨迹代表生成的新道路信息。其中轨迹的相似性利用对称段路径距离（symmetric segment path distance，SSPD）[140]，一种全点匹配相似度距离的度量方法进行计算，该方法满足三角不等式、两条轨迹长度可以不同以及精度高等优点（图 5-8）。

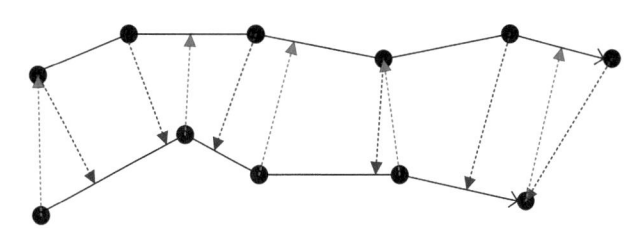

图 5-8　SSPD 轨迹相似度距离

最后，截取经典轨迹与失配轨迹点前后邻近路段的相交部分作为新增道路，相交节点补充为路网节点，同时保证新增道路的方向与轨迹通行的方向一致，完成新道路与现有路网的融合。

需要注意的是，由于 GPS 接收信号受遮挡物影响，使得桥下车辆的轨迹位置点会出现漂移，使其跨越非道路区域。但是该类轨迹分布较为分散，因此，在计算经典轨迹时，若衡量相似度的指标过大，则将其视为伪道路，不再加入路网。

5.4.3.2　伪道路剔除

由于轨迹点在栅格转矢量时存在毛刺，此类伪路段，在轨迹匹配时，没有轨迹点与其匹配，故在路段匹配结果方面，我们将没有轨迹点通过的路段看作不应存在的路段，通过剔除没有轨迹点匹配的路段，将路网中的"伪路段"删除。

对道路进行拓扑修改后，再次进行地图匹配，检查是否仍存在未匹配的轨迹或路段，并采取相应的修改措施，迭代地图匹配的检查过程，直到所有高置信度轨迹可以与道路拓扑网络正确匹配。

5.4.3.3　拓扑检查

在经过迭代式的地图匹配与处理后，虽然已不存在失配轨迹，但是依然无法保证路网中不存在多余的路段连通关系（图 5-5）。为了有效地推断道路网络的拓扑连通性，提出了一种基于长轨迹序列连通性的"树剪枝"方法，从而对现有路网的连通关系进行纠正、更新。

基于"树剪枝"的拓扑生成方法，其核心是引入全局道路序列信息，以避免对局部道路连接信息的误判。例如图 5-5 框中，73 路段与 76 路段以及 71 路段之间的轨迹通行量分别为 353 和 400,若仅考虑局部两路段的通行信息,那么应判断 73-76,73-71 均相连,但实则该判断错误,故引入长轨迹序列的道路通行信息,以对此类道路拓扑连接进行正确判断。

首先,逐条获取轨迹经过的路段序列后按照起始路段的不同将其编成多个小组。基于树结构生成每个小组的道路连接图,也就是将每个层级上出现的多个同一道路标识合并为一个,形成多个只包含以道路标识为节点的初始树结构。

然后,为初始树结构的边添加支持度的语义信息,支持度是指边连接的两路段之间的轨迹通行数量。此时,包含节点和边的树结构构建完成,但是树结构仍存在大量冗余和错误,如同一道路出现在多个级别或者是错误的拓扑连接,需要进一步剪枝。

剪枝遵循以下规则:

(1) 任意两节点直接的支持度应大于设定的数量阈值,否则剔除该分支;

(2) 任意两节点不能共起点或共终点,否则剔除该分支;

(3) 同一节点下同层分支的支持度相差不可超过 10 倍,若存在,则剔除过小支持度的分支;

(4) 树状结构内同一路段标识仅能出现一次,若出现多次,则只保留支持度最高的节点。

以局部树状结构剪枝为例,在图 5-9 三个示例中,示例①道路 76 分别出现在第二层级和第三层级,但其第二层级的支持度 618 大于第三层级的 353,故保留 82-76,剔除 82-73-76;示例②同理;示例③中,道路 71 分别出现在第二层级和第三层级,但其第三层级的支持度 400 大于第二层级的 396,故剔除第二层级道路 71 之后的所有分支。其次,第三层级的道路 75 的支持度仅为 13,小于同层分支的 10 倍,故将该分支剔除。最后道路 2 分别出现在第三层级和第四层级,但其第四层级的支持度 265 大于第三层级的 238,故剔除第三层级道路 2 分支,故剪枝后最终形成 72-73-71-75-2。

基于树剪枝生成的正确道路拓扑连接,对现有路网的道路拓扑进行检查和修正。树结构中认定为拓扑相连的两道路在路网中对它们的处理方式包括以下三种:

(1) 拓扑相连的两路段,其中低层级路段起点是高层级路段的终点,这种情况时不做处理;

(2) 拓扑相连的两路段,在生成的路网中相交,那么以两路段交点作为两路段的端点,并删除多余的部分;

(3) 应相连的两路段,在生成的路网中相离,在路段的终点方向上或起点的反方向上延长,直到两路段相交,然后按照情况二操作。

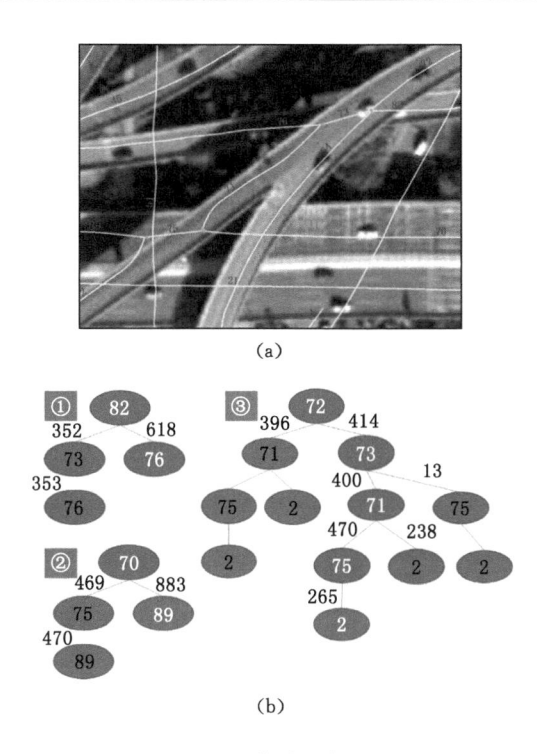

图 5-9 剪枝示意图

完成拓扑生成后,再经过道格拉斯-普克算法化简以及伪节点剔除得到道路网络图的经典代表形式,即以交叉口为节点、路段为边的有向道路拓扑图。

5.5 基于遥感影像的立交桥层级分析

立交桥空间交叠区域的道路层级区分问题是立交桥精细结构提取的另一大挑战。之前的研究主要通过引入高程信息[90],如轨迹点高程数据或者是数字高程模型(digital elevation model,DEM),作为辅助上下道路的区分依据。然而,不论是含有高程信息的轨迹数据集,还是 DEM 数据,都极难获取,使得之前的研究方法难以复现或推广。相比之下,遥感影像较易获取,并且可以提供交叠道路上层的方向信息。为此,本节基于生成的拓扑路网以及遥感影像获取的上层道路信息,提出一种立交桥上下层道路交叠区域层级信息的分析方法。

5.5.1 基于生成路网的交叠区域探测

本章中立交桥层级的确定的主要目的是区分空间交叠但不连通道路的上下

层级关系。也就是说，获取道路交叠区域是区分上下层道路的前提。在生成的路网中，若两条道路线相交但没有生成拓扑节点，说明这两条道路不互通，是立交桥的上下层道路空间交叠处。基于这一发现，可以通过探测生成路网中道路相交但无交点的位置，发现存在上下层道路的区域：首先无重复地记录生成路网中路段的起始点的位置，生成集合 G。然后将生成路网做打断处理后，再无重复地记录打断路网中路段的起始点的位置，生成集合 R。定义所有交叠区域的位置点集合为 I，那么 $I=R-G$，交叠区域探测过程如图 5-10 所示。

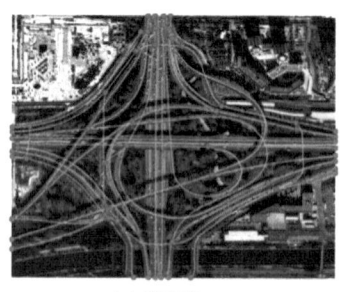

(a) 数据集 G

(b) 数据集 R

(c) 数据集 I 和数据集 G

图 5-10 交叠区域探测过程

5.5.2 基于遥感影像的上层道路确定

由于遥感影像是二维平面图，上层道路对下层有遮挡，所以遥感影像在道路交叠区域仅能够完整显示最上层道路。据此，可根据交叠区域遥感影像的道路边界的方向判断交叠区域哪一条道路位于最上层。基于遥感影像、交叠点位置集合 I 以及生成路网的立交桥上层道路确定方法如下：

（1）获取研究区域遥感影像、交叠点位置以及生成路网同一分辨率的图像，以遥感影像的空间分辨率为基准，对交叠点位置和生成路网进行栅格化。

（2）对遥感影像进行预处理，获取道路的边界图：对遥感影像高斯平滑后，利用带上下灰度边界阈值的 Sobel 算子提取图像的边缘信息,然后对边缘信息进行形态学膨胀操作,用以连接断裂的边缘线,从而获取遥感影像边界图。

(3) 遍历交叠点位置图,在交叠点所在的网格位置处按一定大小分别在生成路网图和遥感影像边界图上裁剪出交叠区域图,分别命名为 roi_road 和 roi_rs。

(4) 基于霍夫直线检测算法,分别检测 roi_road 和 roi_rs 中的直线集,得到 lines_road 和 lines_rs。其中每条直线以起点行列号 (x_1, y_1) 和终点行列号 (x_2, y_2) 表示,直线的斜率 K 的计算公式为:

$$K = \frac{y_2 - y_1}{x_2 - x_1} \tag{5-6}$$

(5) 利用斜率 K 比较,得到上层道路,即筛选出研究区域中一条与遥感道路边界线斜率相差最小的道路线,且该斜率差应小于规定的斜率差阈值,上层道路获取的伪代码见表 5-2。

表 5-2 上层道路获取伪代码

输入:道路直线集 lines_road,遥感影像边界图直线集 lines_rs
输出:一条道路直线(x1_road,y1_road,x2_road,y2_road)或 None
规定阈值
diff_local,diff_globe = ∞,∞
Diff_thre = α
for line inlines_road: # 遍历道路线
for x1,y1,x2,y2 in line:
for line2 in lines_rs:
for x1_,y1_,x2_,y2_ in line2:# 遍历遥感边界线
diff = abs((y2-y1)/(x2-x1)-(y2_-y1_)/(x2_-x1_))
ifdiff < diff_local:
diff_local= diff   # 获取该道路线的最小斜率差
x1_rs,y1_rs,x2_rs,y2_rs = x1_,y1_,x2_,y2_
x1_r,y1_r,x2_r,y2_r = x1,y1,x2,y2
ifdiff_local < diff_globe:# 获取道路线集中最小斜率差的道路线
diff_globe = diff_local
x1_rs_,y1_rs_,x2_rs_,y2_rs_ = x1_rs,y1_rs,x2_rs,y2_rs
x1_r_,y1_r_,x2_r_,y2_r_ = x1_r,y1_r,x2_r,y2_r
if diff_globe < Diff_thre:
Return (x1_r_,y1_r_,x2_r_,y2_r_)

5.5.3 基于路网推理的多层级道路区分

在遥感影像中，上层道路会遮挡住下层道路的一部分，在多层道路相交叠的区域(大于 2 层)，在最上层道路宽度较窄的情况下，此顶层的道路也可能被检测出来，此时区分顶层与次顶层的方法可以通过两个方面综合考虑，一是判断被检测道路颜色的深度，位于上层的边界明显，且一般为两条，而次下层的道路边界一般为一条且远离中心点，所以上层道路在多个交点的情况下被标记的概率更大，所以颜色也更深；二是判断完整性，位于顶层的道路更完整，而次顶层的道路会被顶层道路阻断，如图 5-11 所示，可判断斜向道路为顶层道路，横向道路为次顶层道路。

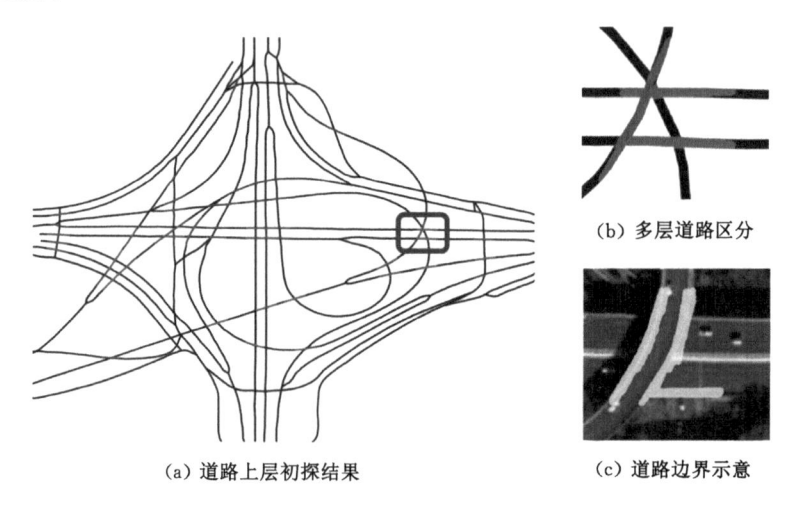

(a) 道路上层初探结果

(b) 多层道路区分

(c) 道路边界示意

图 5-11 立交桥上层道路分析

5.6 实验与分析

5.6.1 实验数据与研究区域

本章数据采用北京市的车辆轨迹数据，轨迹质量相对较高，轨迹点采样频率多位于 1~15 s 区间，定位精度多集中在 1~5 m，使用的为连续 4 天的车辆轨迹数据，数据规模约为 71 GB，共计 17 万条轨迹。在轨迹点覆盖范围内，选择了 7 个多层交互式立交桥作为实验对象，包括公主坟立交桥、丽泽桥、四惠桥、国贸桥、安慧桥、阜成门桥以及健翔桥。立交桥真值是以 OSM 数据为基础，遥感影像与街景图像为补充,采用人工标注的方式完成,下面将逐个介绍 7 个立交桥的概况。

图 5-12、图 5-13、图 5-14 分别为公主坟桥、安慧桥和健翔桥示意图,此类立交桥为三层交互式结构,道路交叠区域一般为上下两层,且不存在上下方向一致的道路。

(a) 遥感影像　　　　(b) 街景图

(c) 真值

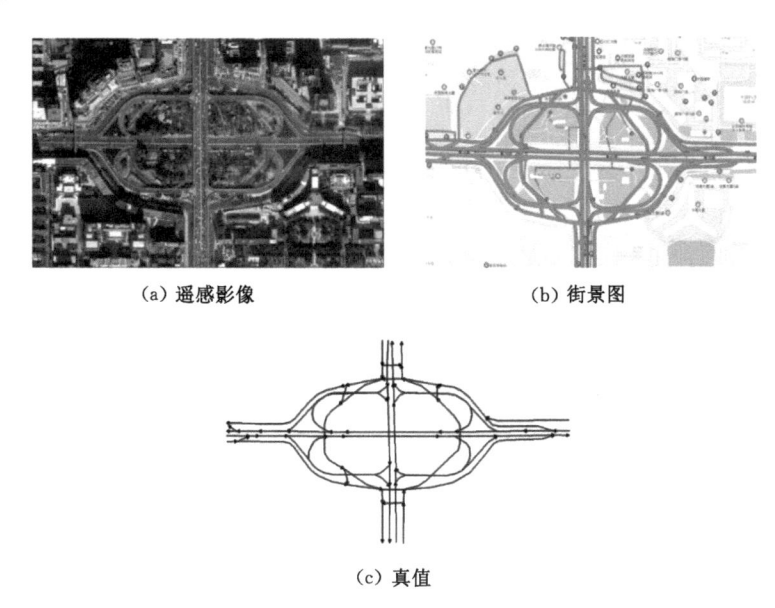

图 5-12　公主坟桥概况

图 5-15 为四惠桥示意图,该立交桥为三层交互式结构,道路交叠区域存在三层交叠,且存在上下方向一致的道路。此外该立交桥道路密集,规模较大,其

(a) 遥感影像　　　　(b) 街景图

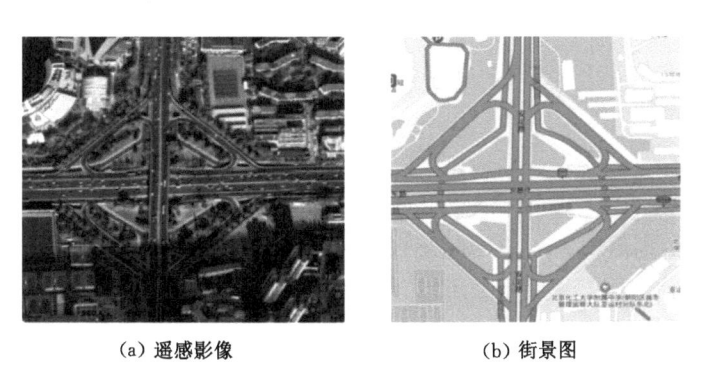

图 5-13　安慧桥概况

(c) 真值

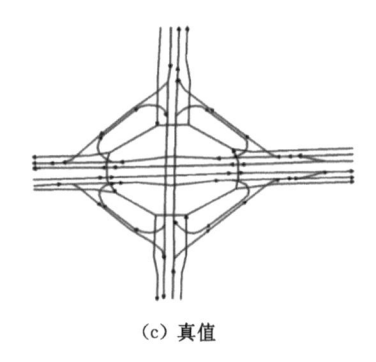

图 5-13 （续）

(a) 遥感影像　　　　　　(b) 街景图

(c) 真值

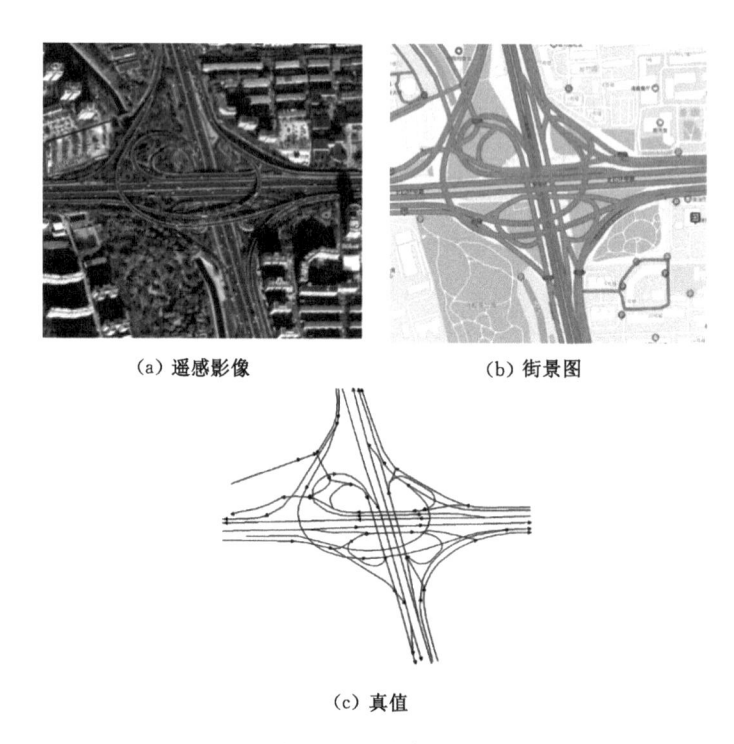

图 5-14　健翔桥概况

几何与拓扑的提取具有一定的挑战性。

图 5-16、图 5-17 分别为丽泽桥和阜成门桥示意图,为两层交互式结构,且不存在上下方向一致的道路。

图 5-18 为国贸桥示意图,该立交桥为三层交互式结构,规模较小,但一层包含多样的连通关系。此外,存在一些一层道路与二层道路方向一致且位置邻近。

5　多阶段融合的立交桥精细结构生成

(a) 遥感影像　　　(b) 街景图

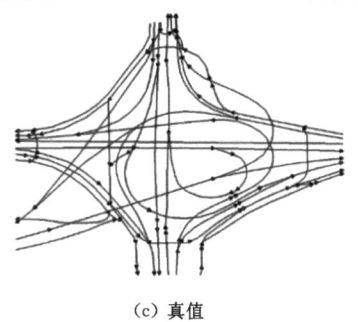

(c) 真值

图 5-15　四惠桥概况

(a) 遥感影像 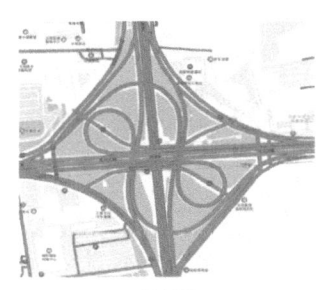　　　(b) 街景图

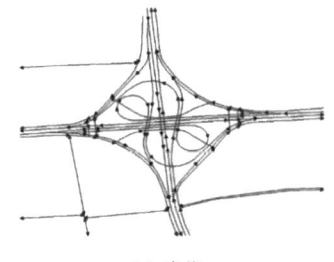

(c) 真值

图 5-16　丽泽桥概况

(a) 遥感影像　　(b) 街景图

(c) 真值

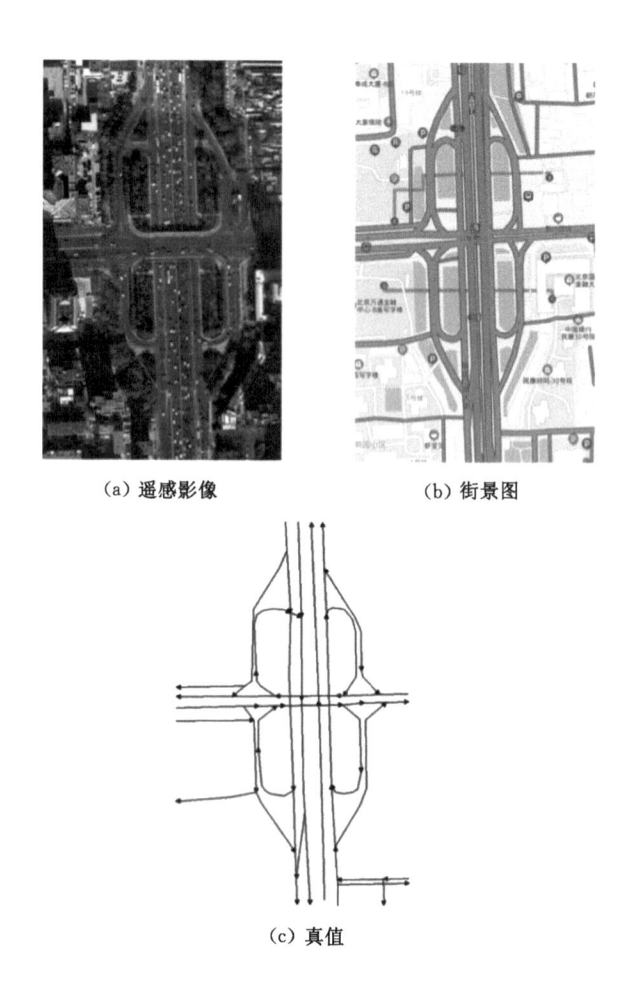

图 5-17　阜成门桥概况

5.6.2　实验结果分析

5.6.2.1　立交桥有向初始道路结果与分析

立交桥有向初始道路图基于轨迹数据提取,其主要步骤包括:(1) 划分方向簇,获取各方向簇的轨迹密度图;(2) 根据各方向簇的轨迹密度图,通过局部自适应阈值分割二值图、形态学处理以及细化提取道路中心线;(3) 顾及方向的矢量化,得到具有方向的道路矢量图;(4) 引入全局密度图进行道路合并。下面将按步骤展示结果并着重说明实验过程中需要注意的事项。

针对不同的立交桥研究范围,本章均应用统一的方向簇划分标准,将方向平

5 多阶段融合的立交桥精细结构生成

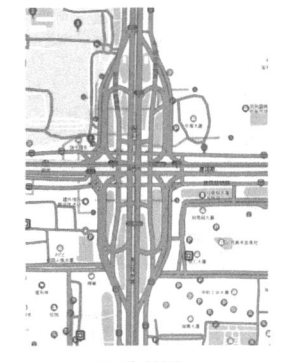

(a) 遥感影像　　(b) 街景图

(c) 真值

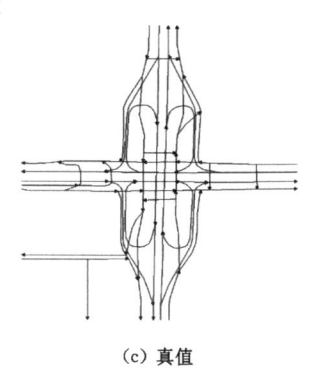

图 5-18　国贸桥概况

均划分为"朝北、朝东、朝南、朝西"四个方向簇,四个方向簇分别为$[-45°,45°)$,$[45°,135°)$,$[135°,225°)$以及$[225°,315°)$。各个方向簇得到的密度如图 5-19 所示。

在密度图像二值化过程中,采用不同大小的窗口进行多次实验结果对比后,选择 5×5 大小的窗口为局部阈值计算范围。另外,如何确定轨迹在栅格化时采用的空间分辨率,本章采取的方法是具体研究区域具体分析,对应用多个分辨率得到的同一立交桥的道路中心线进行比较,能够兼顾中心线多样性(能够区分邻近通向道路)以及道路连续性(少断裂、少毛刺)的空间分辨率为优。图 5-20 为同一研究区域不同分辨率时的道路中心线提取结果。从图 5-20 可见 1.5 m 空间分辨率在邻近道路区分效果上和毛刺个数上相对较优,故该区域的轨迹在栅格化时选择 1.5 m 的空间分辨率。

在带方向的矢量化中,由于每个方向簇都仅属于一个方向域,那么每个方向簇得到的道路矢量线仅需要满足其所在方向域的一个矢量化规则。各方向簇的矢量化结果如图 5-21 所示。

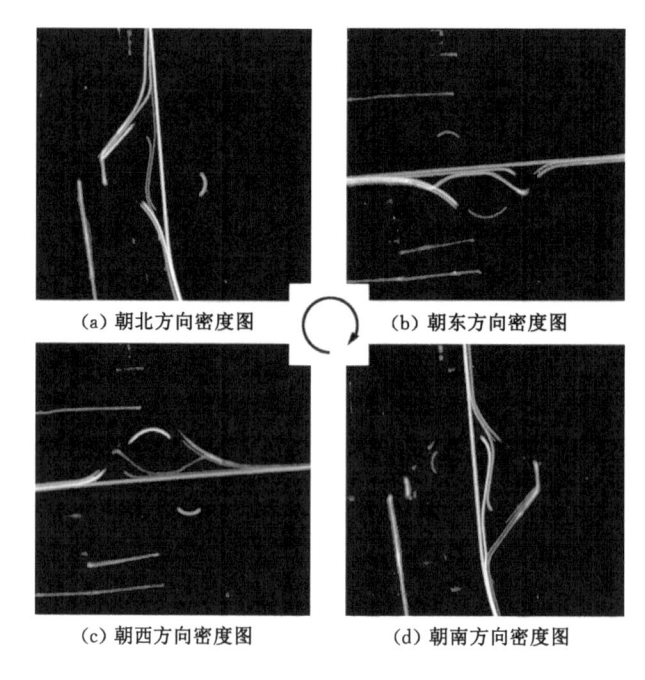

(a) 朝北方向密度图　　(b) 朝东方向密度图

(c) 朝西方向密度图　　(d) 朝南方向密度图

图 5-19　各方向簇的密度图

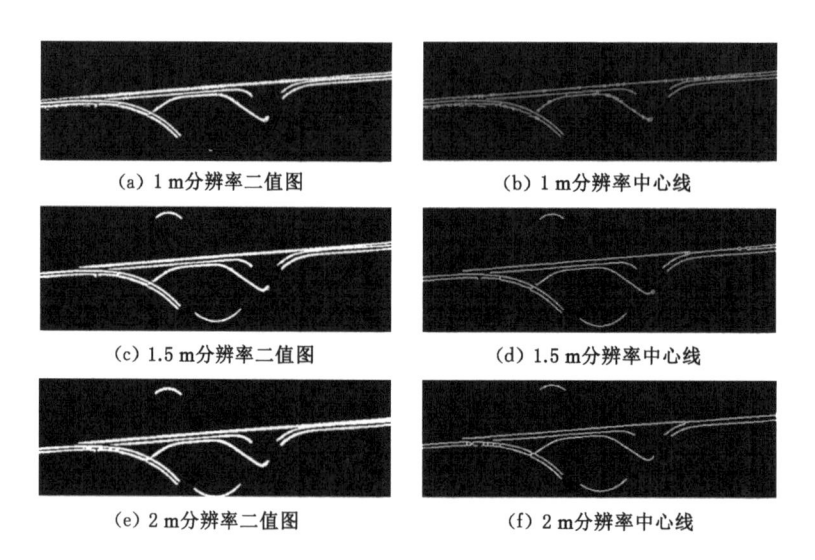

(a) 1 m 分辨率二值图　　(b) 1 m 分辨率中心线

(c) 1.5 m 分辨率二值图　　(d) 1.5 m 分辨率中心线

(e) 2 m 分辨率二值图　　(f) 2 m 分辨率中心线

图 5-20　不同分辨率的道路二值图与道路中心线

为了连接因方向划分而被分割为多段的道路,引入全局密度图,以其提取的道路中心线作为被分割路段的合并依据。多个方向的道路叠加图和全局道路中

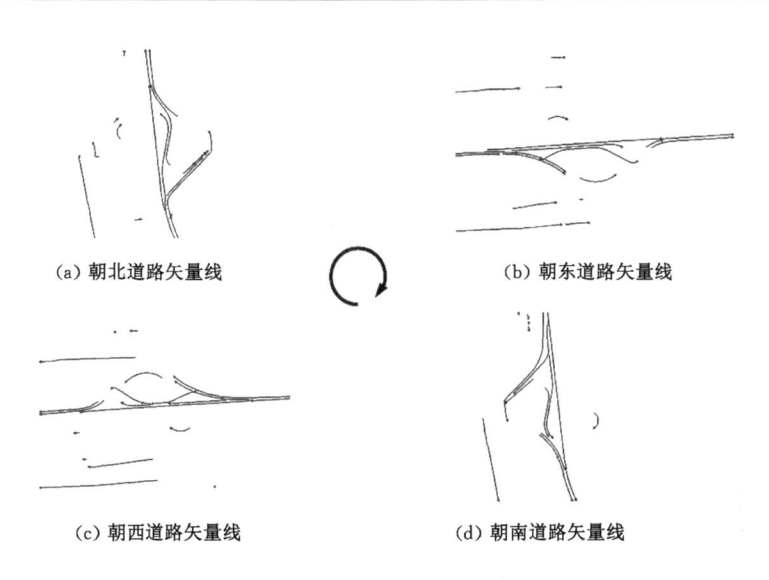

(a) 朝北道路矢量线 (b) 朝东道路矢量线

(c) 朝西道路矢量线 (d) 朝南道路矢量线

图 5-21　带方向的矢量线

心线合并后得到的初始有向道路图如图 5-22(c)所示。可以看出大部分弯曲路段被有效合并,但是由于轨迹点稀疏的道路未能被完整提取,导致一些道路缺乏合并依据,仍然呈断裂状态。

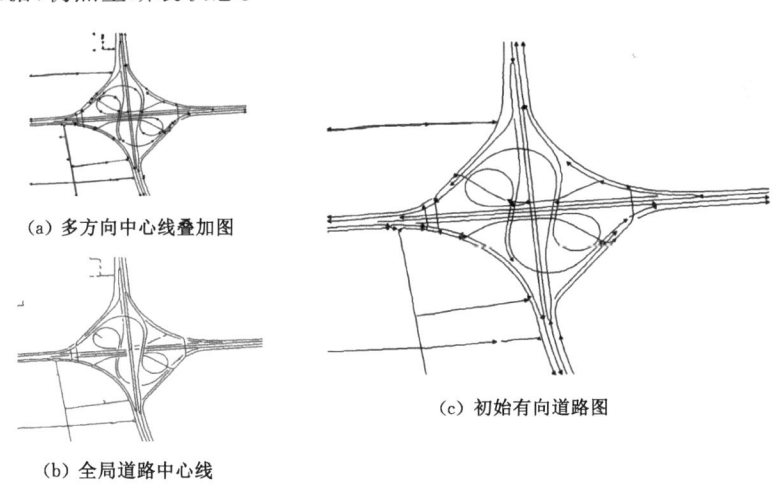

(a) 多方向中心线叠加图

(b) 全局道路中心线

(c) 初始有向道路图

图 5-22　道路合并

5.6.2.2　基于遥感影像的道路分割

遥感影像背景复杂,直接应用超像素分割技术进行道路提取较为困难,易出现道路提取不全或难以与背景区分的问题。故提出初始道路指导和道路边界线约束的遥感影像超像素方法,其优点是利用先验知识。应用遥感影像的道路分割图进行道路连接的示意图如图 5-23 所示,输入为初始道路栅格图、遥感影像以及道路边界线,输出为可作为初始道路网补充的道路分割图,从而弥补因轨迹单源数据能力有限而造成道路缺失的问题。

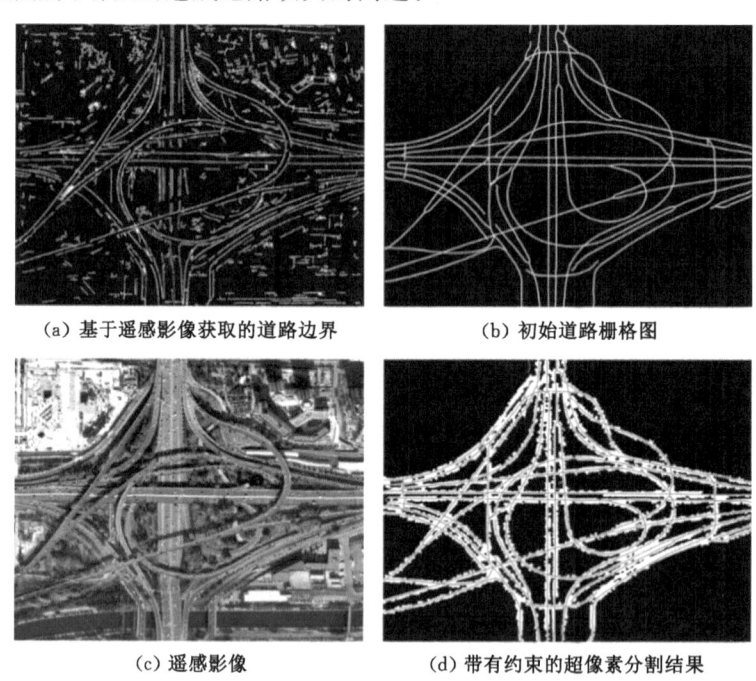

(a) 基于遥感影像获取的道路边界

(b) 初始道路栅格图

(c) 遥感影像

(d) 带有约束的超像素分割结果

图 5-23 超像素分割的输入与输出

超像素分割技术中有两个重要参数:一个是超像素分割个数,用于指定研究区域的超像素单元的数量。由于研究区域尺寸较大,将所有研究区域切分为 200×200 个单元,并将每个单元的超像素个数设置为 200;另一个是平衡参数 compactness,用于衡量像素单元是否"紧实",参数值设置为 20。选用不同的阈值,产生的效果差异如图 5-24 所示,其中图 5-24(a) 与图 5-24(b) 应用同一个平衡参数,但设置的分割个数不同;图 5-24(b) 与图 5-24(c) 是个数参数值相同,平衡参数值不同。图 5-24(b) 是采用上述设定的两参数得到的超像素划分图,相比 5-24(a) 与图 5-24(c),其分割边缘更平整。

5.6.2.3 立交桥有向道路拓扑结果与分析

在道路匹配过程中,其关键是改进匹配算法,使其适用于 3 维结构立交桥的

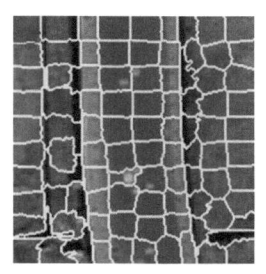

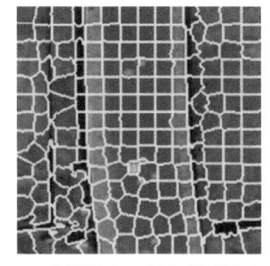

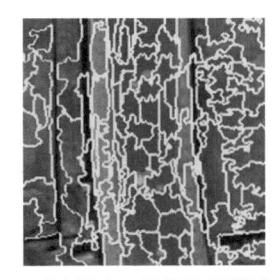

(a) 分割数小，超像素"紧实"　　(b) 分割数大，超像素"紧实"　　(c) 分割数大，超像素"不紧实"

图 5-24　超像素分割的两个参数

道路匹配。在立交桥 3 维结构部分，应用传统地图匹配算法的匹配结果如图 5-25(a)所示，应用改进后的匹配算法的结果如图 5-25(b)所示。通过两个结果的对比可以看出本章提出的改进算法有效解决了 3 维结构的道路匹配问题，这也将地图匹配算法的应用领域从 2 维拓宽到 3 维。

(a) 传统匹配算法的3维结构匹配　　　　(b) 改进匹配算法的3维结构匹配

图 5-25　传统地图匹配算法与改进地图匹配算法结果

对地图匹配后的轨迹结果进行分析，发现失配轨迹有两种：一是路网存在错误，二是轨迹点信号因遮挡而发生漂移，导致错误路径。基于失配轨迹进行新道路补充时，对以上两种情况要区别对待。对于情况一，需要重点分析并对路网进行相应修改。对于情况二，要剔除此类轨迹，以免引入错误道路。通过计算同类别所有轨迹与经典轨迹的平均距离，可以有效区分上述两种情况。以图 5-26 为例，图 5-26(a)为两类匹配后的轨迹簇，均包含无效匹配轨迹点，图 5-26(b)为匹配前的原始轨迹，可以看出：轨迹 1 较为分散，而轨迹 2 分布较为聚集。图 5-26(c)为两类轨迹分别计算的经典轨迹，经典轨迹 1 跨域非道路区域，经典轨迹 2 跨域与道路相吻合。基于同一类别的轨迹到其经典轨迹的平均距离，能够判断轨迹的所属情况，将上述两类轨迹区分。具体为：轨迹 1 与其经典轨迹的平均距

(a) 两类失配的匹配结果 　　　　　(b) 两类失配的原始轨迹

(c) 两类失配轨迹计算的经典轨迹

图 5-26　失配轨迹情况区分

离大于距离阈值,而轨迹 2 的小于阈值,故判定轨迹 1 属于情况二,是噪声轨迹,要剔除,而轨迹 2 属于情况一,要通过核查失配点在路网中的位置,纠正路网。

5.6.3　实验对比

5.6.3.1　评价指标

鉴于本章生成的道路包含几何信息与拓扑信息,因此引入 J. Biagioni 等[133]提出的 GEO 和 TOPO 方法对路网的几何信息与拓扑信息进行评价。方法的主要思想是将路网转换为图的形式,并对路网图按照 5 m 的间隔重采样,然后对两个路网得到的点集进行一一匹配。其中,用于和真值比较的路网生成的采样点命名为"marble",路网真值的采样点命名为"hole"。

对于路网的几何评价(GEO)来说,采用全局一对一匹配的方式,如果一个"marble"一定距离阈值内存在一个"hole",那么称之为可匹配的(matched_marbles),否则为未匹配的。对于真值上的采样点,若有"marble"落入其中,则称之为(missing_marbles)。

对于路网的拓扑评价来说(TOPO),采用局部一对一匹配的方式,从路网上任意一个随机位置开始,按照道路图的拓扑连接结构向外延伸 400 m,从而生成两个局部邻域的空间样本集,然后比较两个样本集一一匹配的情况。该方法通过获取两个图的局部连接信息,实现对两个路网局部的拓扑比较。重复选取随机位置点 200 次,可以得到全局范围内两个路网拓扑相似性。

GEO 和 TOPO 方法均采用精确度(precision)、召回率(recall)以及 F 值(F-score)3 个指标进行评价。

$$\text{F-score} = 2 \times \frac{\text{precision} \cdot \text{recall}}{\text{precision} + \text{recall}} \quad (5-7)$$

式中,precision 为 matched_marbles/all_marbles;recall 为 matched_holes/all_holes。

5.6.3.2 对比方法

基于立交桥的对比方法有三种,一种是研究区域的 OpenStreetMap,由于 OSM 是众源地图,其准确度难以保证,尤其是在立交桥这种道路密集区域。

另两种方法都是顾及立交桥区域的道路生成方法,它们的代码均开源。其中 S. T. He 等[79]提出的 RoadRunner,采用顾及长轨迹方向的增量式的路网生成方法,能够较好地区分局部段路邻近且方向一致的两条道路,同时其以图的形式生成路网,具有拓扑连通性。但该方法对输入种子点的要求较高,种子点选取的位置和个数不同会影响道路提取,易出现道路缺失。

Kharita 是基于聚类的方法进行路网生成方法[83],主要有两个参数,一个是种子半径,在噪声较小的情况下,设置为 20 m,以最少覆盖 3 车道道路;另一个是 θ,设置为种子半径的 2 倍,以确保同一道路不同方向的轨迹都分配到同一个聚类簇。

在进行对比实验时,二者使用的数据均是本章中的高置信度轨迹,剔除了低质量、无关以及噪声轨迹。

5.6.3.3 视觉对比

(1) 公主坟桥

图 5-27 为公主坟桥区域采用几种方法提取结果的视觉对比。其中第一行是基于不同方法直接得到的立交桥结果,总的来说,四种方法都可以反映道路的几何形态,但是在完整性上有所不同。前三种方法的立交桥具有方向性,但是基于聚类方法的 Kharita 不具有方向性。第二行是将所有结果转换为由节点和边构成的图的形式后与真值的叠加图。

从第二行可以看出本章方法在两条道路的交汇处易出现未成功匹配的点,出现这个现象,一方面是由于在真值制作时,难以明确真实的两条交汇道路的交汇点,另一方面是由于基于轨迹生成的初始道路图受驾驶者主观行为模式的影

(a) 本章方法　　　　　　(b) OSM

(c) RoadRunner　　　　　(d) Kharita

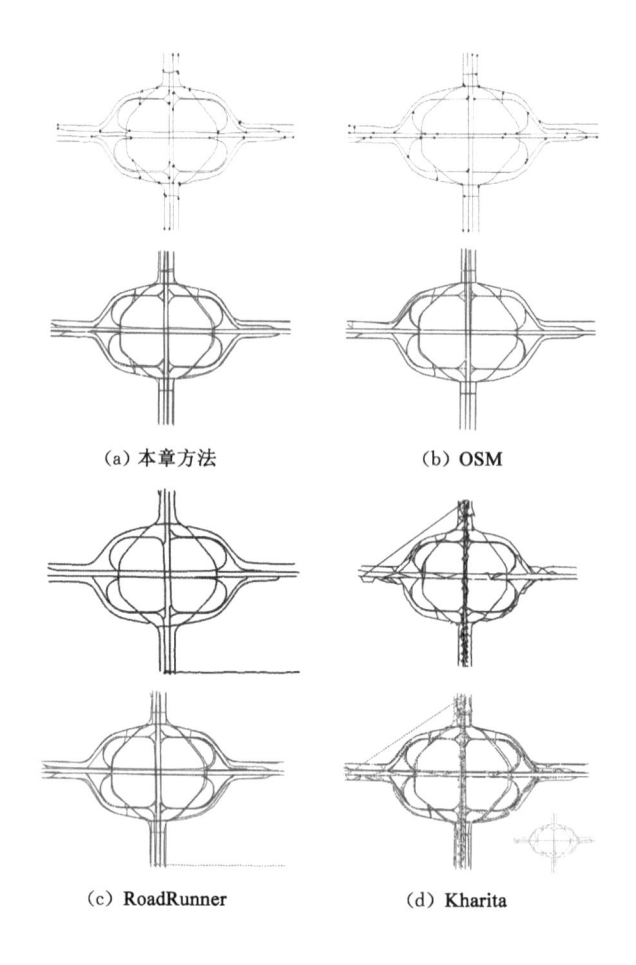

图 5-27　公主坟桥视觉对比示意图

响,道路交汇点周围提取的部分道路出现几何偏移。同时,漏提了右上角的一条小路,主要是因为缺乏经过此处的轨迹,且遥感影像上此处的道路信息被遮挡。OSM立交桥的几何形态与真值吻合度高,但路网中双向道路以单向道路表示,导致多条道路遗漏,同时,其将分叉道路的形态做了简化处理,以直线代替真实的几何形态。采用 RoadRunner 时位于底层的小路都未被有效提取,但是能够区分单双向道路。采用 Kharita 时虽然提取了绝大部分道路真值,图 5-27(d)右下角中黑色点为真值中可以成功匹配的采样点,但提取了大量的冗余道路。

（2）四惠桥

图 5-28 为采用几种方法在四惠桥区域的道路提取结果。采用本章方法右下方处有一处小路的遗漏,并且在上方的出口区域,未能有效区分上下层重叠的

道路;OSM 的几何准确度最高,只有部分弯曲道路的几何形态不正确;采用 RoadRunner 生成道路的几何精度较高,但是存在大量道路遗漏,并且无法区分邻近的同向道路;采用 Kharita 仅能确保大部分道路被提取,但无法确保精确度。

(a) 本章方法　　　　　(b) OSM

(c) RoadRunner　　　　(d) Kharita

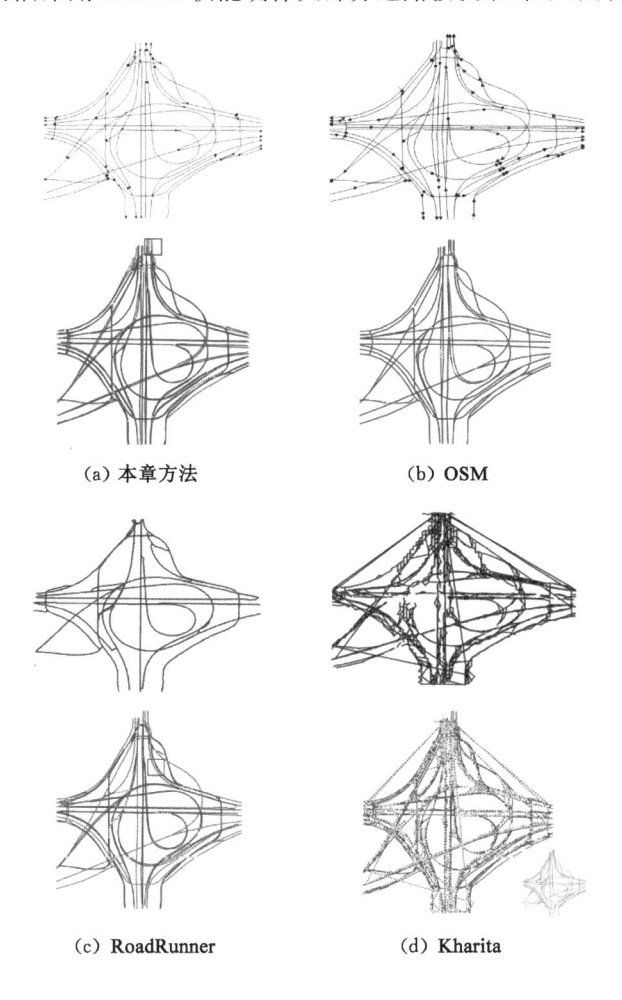

图 5-28　四惠立交桥视觉对比示意图

(3) 丽泽桥

图 5-29 为丽泽桥的对比示意图。可以看出采用本章方法与 OSM 时的立交桥主体部分的几何形态几乎一致。RoadRunner 明显漏提了很多分叉道路,在尝试添加十多个种子点后,仍然无法弥补道路缺失的现象。采用 Kharita 时在道路稀疏区域表现较好,能够获取完整且无冗余的道路信息,但是在道路邻近区域,无法有效区分不同的道路,这也是聚类方法的共性问题。

(a) 本章方法　　　　　　(b) OSM

(c) RoadRunner　　　　　(d) Kharita

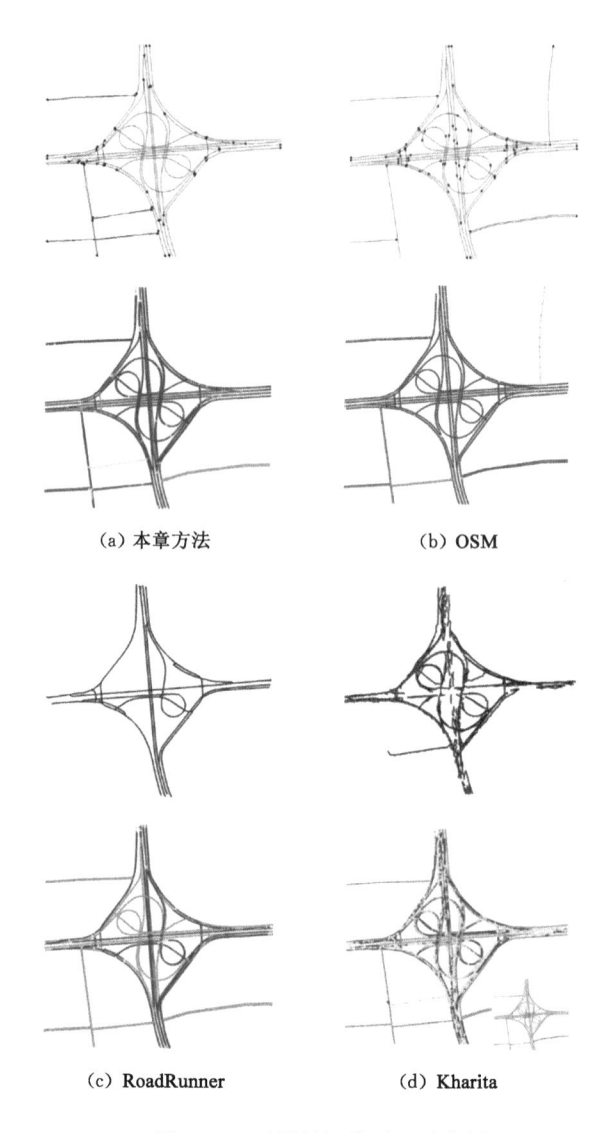

图 5-29　丽泽桥视觉对比示意图

(4) 国贸桥

图 5-30 为国贸立交桥采用几种方法的对比结果。采用本章方法时出现了下层道路漏提的情况，这主要是因为漏提道路区域的通行轨迹缺乏；采用 OSM 时缺乏一些连接道路，且以直线表示弯曲道路；采用 RoadRunner 时不仅漏提了一些道路而且出现了冗余道路；采用 Kharita 时仅在直线的主路上表现较好，但是在中间区域道路上下层交接的区域出现了大面积的道路遗漏。

5　多阶段融合的立交桥精细结构生成

(a) 本章方法　　　　　(b) OSM

(c) RoadRunner　　　(d) Kharita

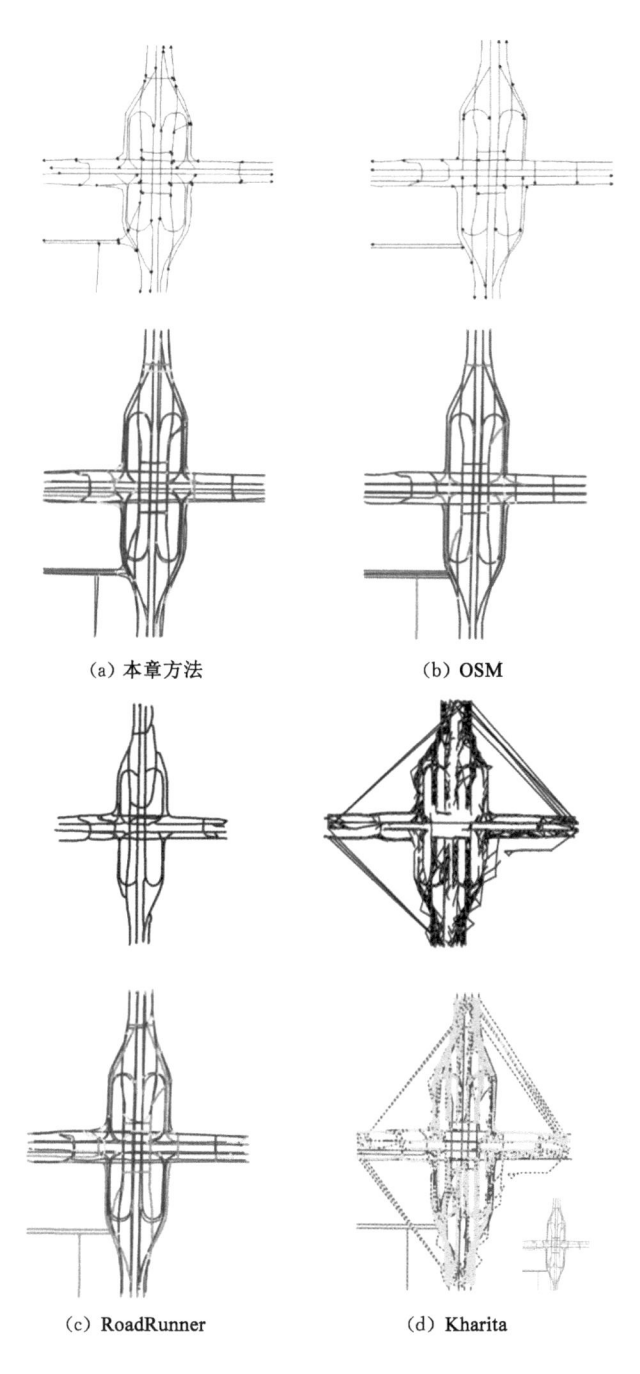

图 5-30　国贸立交桥视觉对比示意图

(5) 安慧桥

图 5-31 为安慧桥视觉对比示意图,采用本章方法能够较好地提取该立交桥的几何形态;采用 OSM 时的主要问题是利用单行道路绘制邻近的双向道路;采用 RoadRunner 时在标注进入点的前提下也未能提取此处的道路;采用 Kharita 时的弯曲道路提取能力欠缺,同时在多条邻近道路区域出现大量的道路冗余。

(a) 本章方法　　(b) OSM

(c) RoadRunner　　(d) Kharita

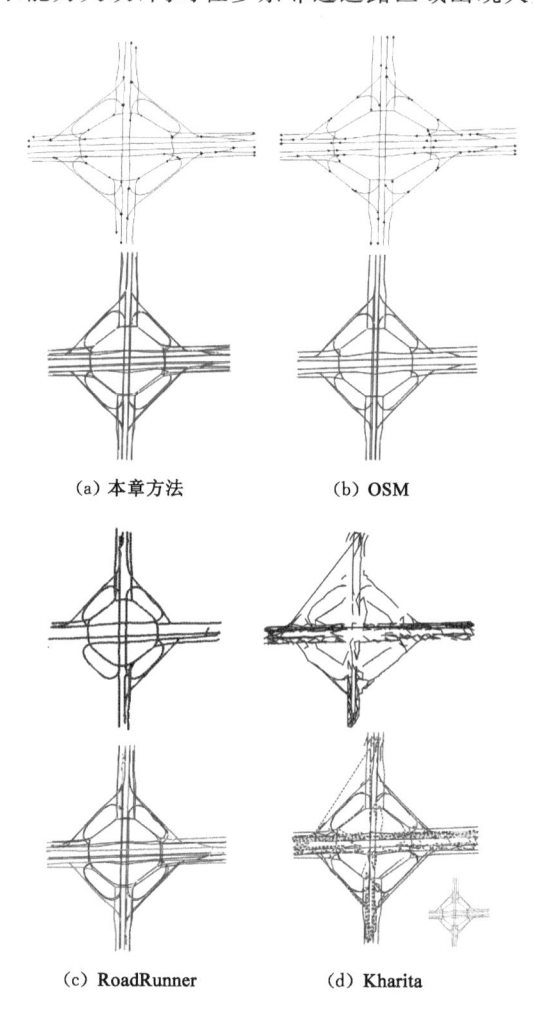

图 5-31　安慧桥视觉对比示意图

(6) 阜成门桥

图 5-32 为阜成门桥视觉对比示意图。采用本章方法时出现了两处漏提:一处是两个同向平行道路之间的连接道路,另一处是立交桥主体与外部道路的连

5 多阶段融合的立交桥精细结构生成

(a) 本章方法 (b) OSM

(c) RoadRunner (d) Kharita

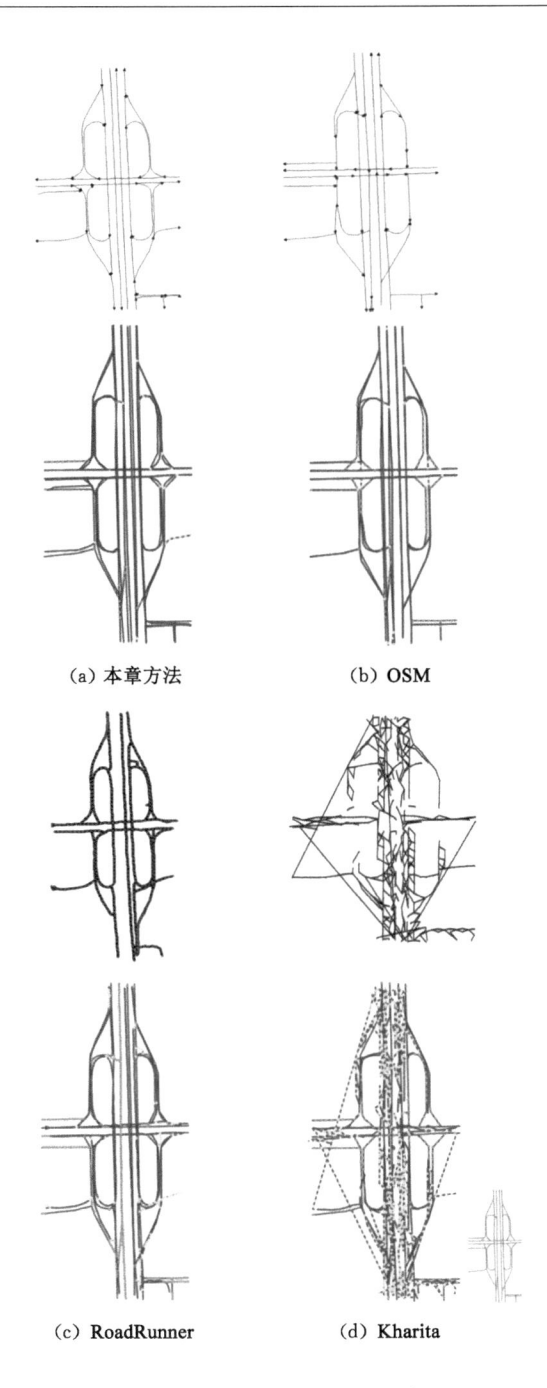

图 5-32 阜成门桥视觉对比示意图

接道路。采用 OSM 时以单行道路绘制邻近的双向道路,同时将弯曲连接道路简化为直线道路;采用 RoadRunner 时仍出现了道路遗漏;采用 Kharita 时在该立交桥区域提取能力不足。

(7) 健翔桥

图 5-33 为健翔桥的对比示意图。可以看出采用本章方法提取出了较为完整的立交桥,但是除了立交桥主体部分,仍获取了少量与立交桥相连接的平面道

(a) 本章方法　　　(b) OSM

(c) RoadRunner　　　(d) Kharita

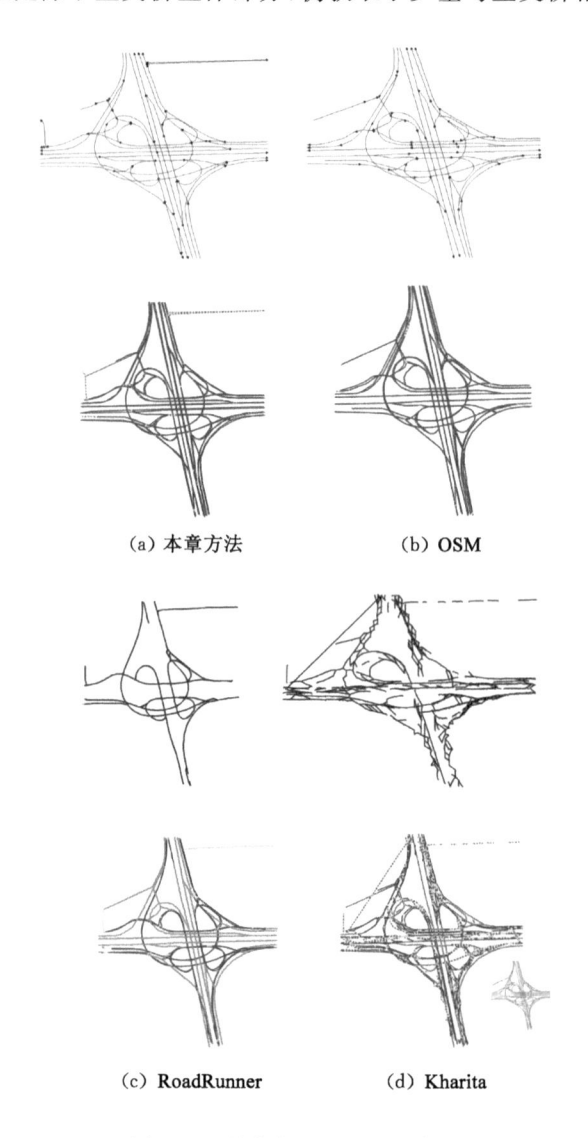

图 5-33　健翔桥视觉对比示意图

路;OSM 中的健翔桥存在道路几何位置不准确的问题;对于进出口道路多的立交桥,RoadRunner 无法确保其道路的完整性,仅能够确保同一入口方向单条道路的提取;针对道路密度较大的复杂立交桥,Kharita 明显能力不足,难以区分邻近道路并保持单条道路几何形态的连续性。

5.6.3.4 几何对比

在进行路网几何评估时,首先需要将路网数据转换为节点和边的形式。待评估路网与真值路网重采样点之间的匹配半径设置为 10 m。

表 5-3 为 4 个立交桥区域应用各种方法的 GEO 评价结果,每个立交桥中各项指标的最高值以粗体表示。综合四个立交桥的结果来看,采用 OSM 与本章方法所得到的立交桥结果不分伯仲,然后是 RoadRunner 方法,其精确度相对较好,但无法保证召回率,Kharita 效果最差但召回率高于 RoadRunner 的。

表 5-3 各立交桥 GEO 对比结果

立交桥	方法	精确度	召回率	F 值
公主坟桥	本章方法	0.968 9	**0.955 7**	**0.962 3**
	OSM	**0.977 7**	0.880 8	0.926 7
	RoadRunner	0.909 9	0.862 9	0.885 8
	Kharita	0.545 6	0.895 5	0.678 1
四惠桥	本章方法	0.967 2	0.915 3	0.940 5
	OSM	**0.983 2**	**0.970 3**	**0.976 8**
	RoadRunner	0.915 1	0.623 7	0.741 8
	Kharita	0.298 2	0.850 0	0.441 5
丽泽桥	本章方法	0.949 9	**0.925 3**	**0.936 0**
	OSM	**0.969 1**	0.903 4	0.935 5
	RoadRunner	0.966 8	0.472 4	0.634 6
	Kharita	0.415 7	0.618 7	0.497 2
国贸桥	本章方法	0.934 4	**0.913 8**	0.924
	OSM	**0.971 0**	0.898 7	**0.933 4**
	RoadRunner	0.895 7	0.711 0	0.792 7
	Kharita	0.088 8	0.861 3	0.161 0
安慧桥	本章方法	0.964 5	0.968 8	0.966 7
	OSM	0.987 5	0.940 6	0.963 5
	RoadRunner	0.906 2	0.731 8	0.809 7
	Kharita	0.411 0	0.720 7	0.523 5

表 5-3(续)

立交桥	方法	精确度	召回率	F 值
阜成门桥	本章方法	0.960 1	0.930 8	0.945 2
	OSM	0.947 6	0.847 3	0.894 6
	RoadRunner	0.889 7	0.754 1	0.816 3
	Kharita	0.357 1	0.777 8	0.489 53
健翔桥	本章方法	0.911 3	0.965 0	0.937 4
	OSM	0.986 0	0.976 1	0.981 0
	RoadRunner	0.892 2	0.435 0	0.584 9
	Kharita	0.518 8	0.698 6	0.595 4

具体来说,本章方法在各个区域的各项指标都能够达到 0.9 之上,说明其整体效果较好,可以有效提取不同类型立交桥的几何结构。OSM 立交桥的道路形态与真值基本吻合,除了部分弯曲连接道路以直线表示,但是其会遗漏部分连接道路以及双向路,所以其精确度相对最高,但整体效果并没有一直处于最优。采用 RoadRunner 生成道路的几何精度较高,但存在大量道路遗漏,导致其精确度远高于其召回率,F 值远低于本章方法。采用 Kharita 仅能确保大部分道路被提取,但无法确保其提取道路的精确度,故其精确率和 F 值在各个立交桥区域均为四个方法中最低的,但是由于其生成大量的冗余道路,使其召回率高于采用 RoadRunner 的。

5.6.3.5 拓扑对比

Topo 是评价生成路网质量的重要指标。图 5-34 为采用多种方法时各个立交桥基于 Topo 评价的 F 值对比结果。综合几个区域的效果来看,几种方法的效果从好到差的排序为本章方法、OSM、RoadRunner、Kharita。综合来看,本章方法除了四惠桥 F 值为 0.767,其余立交桥的 F 值均在 0.8 之上,说明采用本章方法能够有效提取立交桥的拓扑结构。其中,四惠桥拓扑表现较差的主要原因是其包括采用本章方法无法区分的上下重叠道路,使得上下重叠的道路被错误提取为一条,造成大量的拓扑错误;OSM 作为众源地图,不能确保其拓扑结构的正确性,故其拓扑评价结果略低于本章方法的;采用 RoadRunner 时拓扑结构的提取效果取决于其道路提取的完整性,在道路漏提少的区域,如公主坟,其拓扑效果相对较好;采用 Kharita 时仅能保证局部路段的拓扑连通性,基本上无法生成整体的拓扑结构。

5.6.3.6 层级结果与分析

由于缺乏对比方法,立交桥的层级确定结果仅从视觉角度和定量角度进行

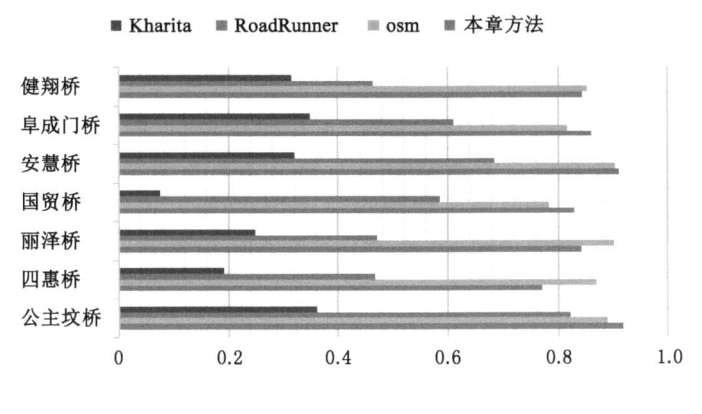

5 多阶段融合的立交桥精细结构生成

图 5-34 TOPO 对比

评价和分析。立交桥层级初探主要是应用斜率差,对道路交叠区域的道路走向与遥感影像的边界进行对比,从而发现每个交叠点一定范围内道路与道路边缘方向差最小的道路。本章统一设置的参数包括:交叠区域范围大小设置为以交叠点为中心 60 pixel×60 pixel,交叠区域直线检测的最小长度为 80 pixel,直线检测允许的最大孔洞为 10pixel,道路边界和道路的最小斜率差不得大于 0.1。

(1) 视觉角度

① 公主坟桥

图 5-35 为公主坟桥道路层次区分的中间过程图及结果图,图 5-35(a)与图 5-35(b)的标注为交叠区域道路边缘与道路的探测结果,可以看出所有交叠区域对应的候选道路边缘都被完整获取,但是候选道路有个别遗漏,这主要是因为候选道路位于交叠区域的长度较小,没有被检测到。通过计算每个交叠区对应的道路边缘和候选道路的斜率差,确定每个交叠区的唯一上层道路,在图 5-35(c)中标注。图 5-35(d)主要是为了分析遗漏检测的道路,主要原因有两种:(1) 以横向小长方形方框标注,主要是因为此处道路没有被有效检测;(2) 以竖

(a) 遥感影像边缘检测 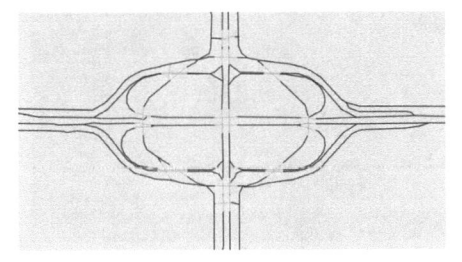　　　　　　(b) 交叠区域道路检测

图 5-35 公主坟立交桥道路层次区分

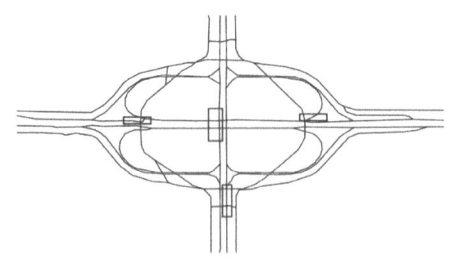

(c) 上层道路与道路和影像叠加　　　　　(d) 上层道路与道路叠加

图 5-35 （续）

向方框标注，此类道路边界和道路都被检测，但是上层道路未被有效检测。

② 四惠桥

图 5-36 为四惠桥的道路层次区分的中间过程图及结果图，图 5-36(a)中由于遮挡物的存在(如车辆和树木等)，使得获取的道路边界线中含有其他地物信息，导致图 5-36(a)中混入非道路边缘线，但这不影响基于斜率差探测出上层道路的正确性，同时导致一些道路边缘被遗漏[图 5-36(d)中上方大方框]。基于图 5-36(a)的道路边界信息和图 5-36(b)的道路信息，经过逐个交叠点计算后得到上层的道路信息，如图 5-36(c)所示，其中对上层道路标注。但是从图 5-36 中可以看出一些交叠区域的上下层道路并未探测出来[图 5-36(d)左侧下方窗口]，出现这种情况的原因主要是道路边缘与道路的斜率差过大，即生成道路的几何形态与真实道路存在偏差，这主要发生在道路交汇区域或者是道路弯曲区域。针对这个问题，可通过抽取出未提取上层道路的交叠点集合，将方向差阈值调大之后，对它们再次进行上层道路的计算。四惠桥为三层交互式结构，存在三

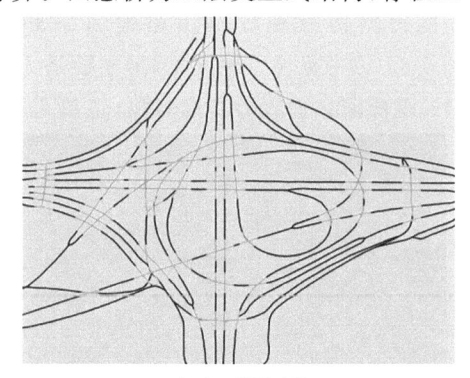

(a) 遥感影像边缘检测　　　　　(b) 交叠区域道路检测

图 5-36 四惠立交桥道路层次区分

(c) 上层道路与道路和影像叠加 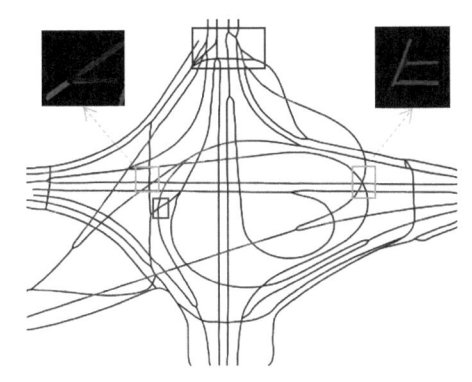　　　　(d) 上层道路与道路叠加

图 5-36 （续）

层交叠区域[图 5-36(d)中间窗口]，导致存在 3 个交叠点的交叠区域检测出的上层道路不唯一。为了进一步探测顶层与次顶层，通过提取上层道路的颜色和完整度进一步判断，可以得出两个框中的斜向道路的顶层和横向道路的次顶层。

③ 丽泽桥

图 5-37 所示丽泽桥为两层交互式道路，且其遥感影像道路与背景区分明显，使得其上层道路的检测结果较好。存在两个道路因长度不够而未被检测出，从而造成上层道路输出失败和一个上层道路的错误判断。

④ 国贸桥、安慧桥、阜成门桥、健翔桥

图 5-38 为国贸桥层次区分示意图，可以看出存在较多的层级信息未提取区域，这主要由两个方面造成，一方面是遥感影像的道路被高楼的阴影遮挡，导致

(a) 遥感影像边缘检测 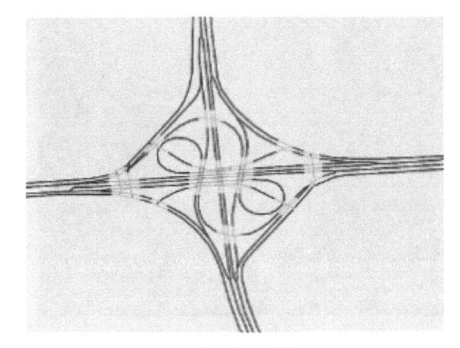　　　　(b) 交叠区域道路检测

图 5-37 丽泽桥道路层次区分

(c) 上层道路与道路和影像叠加 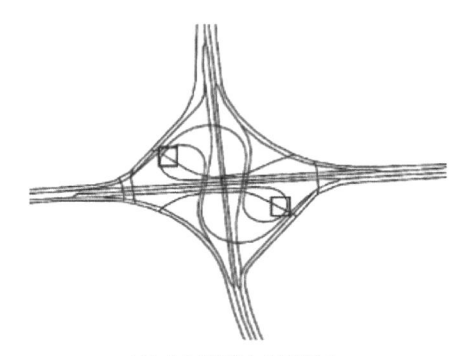　　　　(d) 上层道路与道路叠加

图 5-37　（续）

(c) 上层道路与道路和影像叠加 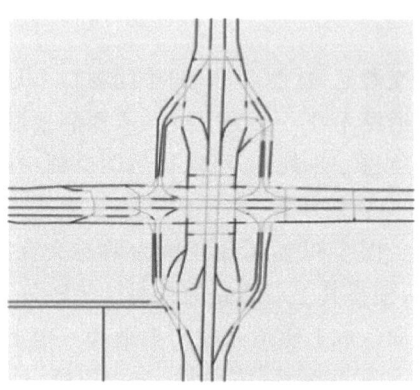　　　　(d) 上层道路与道路叠加

(a) 遥感影像边缘检测 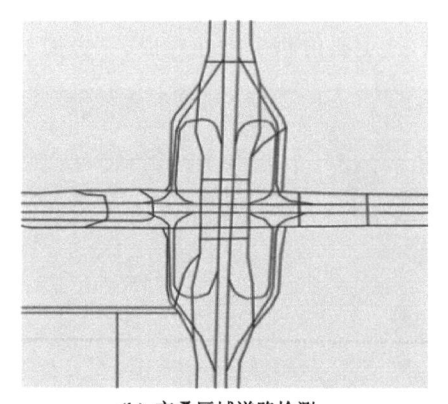　　　　(b) 交叠区域道路检测

图 5-38　国贸桥道路层次区分

大面积的道路边界不可提取[图5-38(a)左侧];另一方面是道路存在大量的小型弯曲道路,生成道路的几何形状与真实有差异,导致斜率差过大,无法探测上层道路。

⑤ 安慧桥

图5-39为安慧桥层次区分示意图,该区域层次信息提取过程中的主要问题是误提[图5-39(d)方框区域]和遥感影像阴影导致的漏提(立交桥下半部分)。这主要是因为位于下层的道路方向与旁边上层道路的方向一致,导致被错误提取为上层道路,且难以剔除。

(c) 上层道路与道路和影像叠加

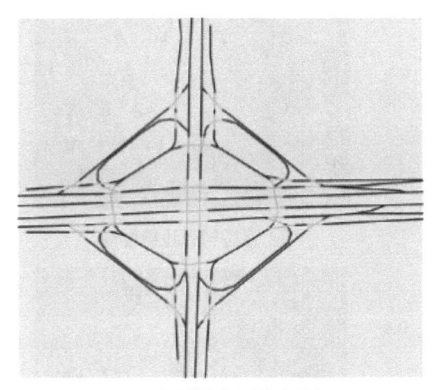

(d) 上层道路与道路叠加

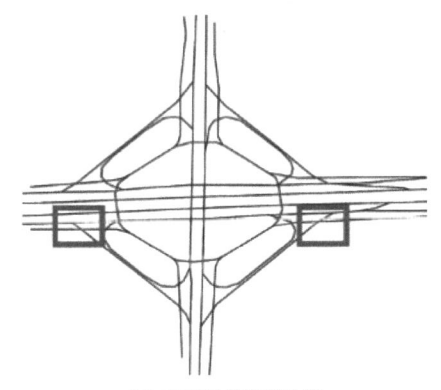

(a) 遥感影像边缘检测

(b) 交叠区域道路检测

图5-39 安慧桥道路层次区分

⑥ 阜成门桥

图5-40为阜成门桥层次区分示意图,其上下层层次分明,道路几何结构相对简单,上层道路提取的效果最佳,所有上层道路被检测出。

⑦ 健翔桥

(a) 遥感影像边缘检测　　　　　　　　(b) 交叠区域道路检测

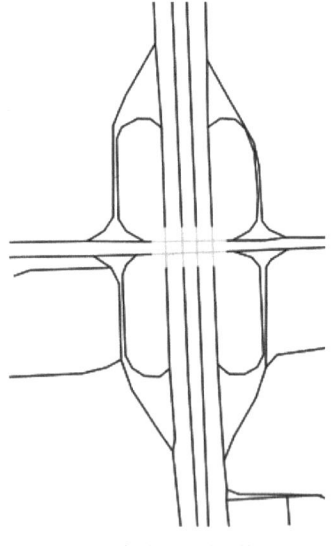

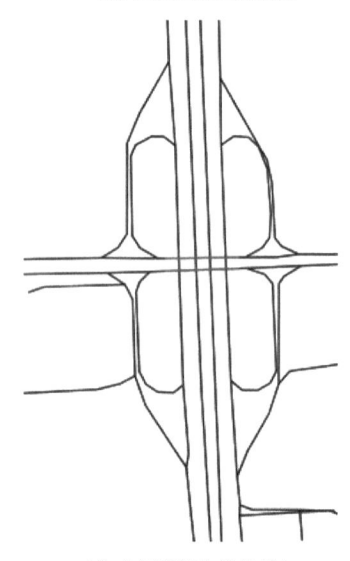

(c) 上层道路与道路和影像叠加　　　　(d) 上层道路与道路叠加

图 5-40　阜成门桥道路层次区分

图 5-41 为健翔桥层次区分示意图，该区域的主要问题是：由于交叠区域的上层道路包含道路分支，使得无法基于路网检测出该类道路，导致此处的上层道路信息缺失。

（2）定量角度

(c) 上层道路与道路和影像叠加　　　　(d) 上层道路与道路叠加

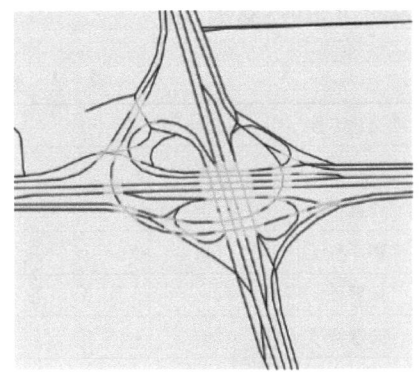

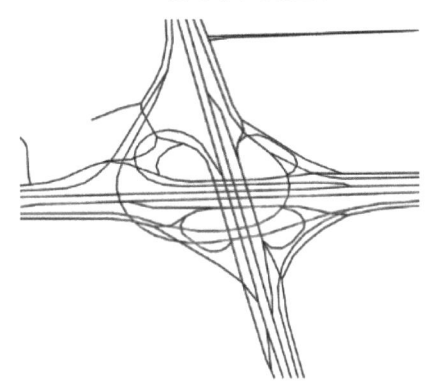

(a) 遥感影像边缘检测　　　　(b) 交叠区域道路检测

图 5-41　健翔桥道路层次区分

根据准确率、召回率以及 F 来衡量层级探测的效果,计算公式如下。

$$准确率 = \frac{TP}{TP+FP} \tag{5-8}$$

$$召回率 = \frac{TP}{TP+FN} \tag{5-9}$$

$$F = \frac{2\text{precision} \cdot \text{recall}}{\text{precision}+\text{recall}} \tag{5-10}$$

式中,TP 为判断正确的道路层级数量;FP 为判断错误的道路层级数量;FN 为未提取出的道路层级数量。

由表 5-4 可知:基于遥感影像的立交桥层次探测方法适用于二层、三层分离式或互通式立交桥的道路层次区分,尤其是在遥感影像上道路清晰无遮挡的立交桥区域,效果更佳。但需要注意的是,该方法的准确率虽然很高,召回率受遥感影像质量和立交桥自身形态的限制,在遥感影像有阴影且小型弯道多的立交桥层级分析时,效果欠佳。

表 5-4　层级探测结果评价

立交桥名称	TP	FP	FN	准确率	召回率	F
公主坟桥	18	0	6	1	0.75	0.857 14
四惠桥	78	0	7	1	0.917 647	0.957 06
丽泽桥	67	1	2	0.985 294	0.971 014	0.978 10
国贸桥	30	5	22	0.857 143	0.576 923	0.689 66
安慧桥	23	2	17	0.92	0.575	0.707 69
阜成门桥	8	0	0	1	1	1
健翔桥	46	3	8	0.938 776	0.851 852	0.893 20

5.7　本章小节

本章提出了一个有效的框架来提取立交桥区域的道路图,生成的道路图具有几何完整性、拓扑正确性、方向性和层级性。该方法首先应用方向"拆分-合并"的思想,基于轨迹获取方向性和连续性兼顾的初始道路图;然后利用遥感影像对道路进行补充;其次基于高置信度轨迹,以"树剪枝"的方法提取正确道路拓扑连接图,以对路网拓扑进行修正,从而确保路网拓扑的正确性;最后利用遥感影像对立交桥道路相交区域进行了层级初探,能够有效区分上下层级的道路。但是本章所提出方法的局限性是无法有效提取轨迹通行量小且在遥感影像中完全被遮挡的底层道路,同时无法区分上下重叠且方向一致的道路。

6 总结、创新点与展望

6.1 总结

随着大数据时代的到来,出现了类型丰富的时空大数据,衍生出大量基于数据融合的应用。近年来,在道路信息提取方面,由于车辆轨迹与遥感影像覆盖范围广、易获取、更新快,成为道路信息提取的主要数据源,并取得了很大的进展,但之前的研究多集中在以单源数据为基础,并且少有对不同类型的道路结构从宏观角度和微观角度进行的系统研究。为此,本书融合车辆轨迹与遥感影像分别探究了宏观角度下的交叉口识别、道路中心线提取以及微观角度下的立交桥精细结构生成的技术与方法,主要研究内容包括:

(1) 针对城市大范围交叉口类型多样、提取自动化有限的问题(深度网络模型依赖人工标注真值),本书创新性地提出了将传统方法与深度学习技术相结合的方法,发展了一套多模集成技术体系用于交叉口识别,该技术体系包括采用传统的非监督方法获取少量交叉口、按照半监督的协同训练机制扩充训练样本集以及利用全监督的神经网络集成模型获取交叉口位置,避免了大量的手工标注,且挖掘出车辆轨迹与遥感影像关于道路交叉口的互补信息,获取到大范围、多类型且准确度较高的城市道路交叉口位置信息。

(2) 针对单源数据道路提取精度有限的问题(包括道路信息的完整性与连续性),本书创新性地提出特征级融合和指导级融合两种融合策略,其中特征级融合又细分为输入端融合和输出端融合。在特征融合的基础上进一步提出了指导融合模型,以指导卷积集成两模态的增益信息,同时考虑到道路提取与交叉口生成两个任务的相关性,通过设计的多任务的网络学习架构,提升任务的精度。

(3) 针对立交桥精细结构复杂生成困难的问题(包括几何-方向-拓扑-层级的精细结构),本书创新性地提出了多阶段融合方法,逐步加入车辆轨迹与遥感影像的互补信息。首先,基于车辆轨迹采用方向"拆分-合并"策略,加之带方向的矢量化方法,获取初始双向矢量图;其次,以其作为遥感影像进行超像素分割的指导,补充道路;其次,基于地图匹配的结果修正路网拓扑(提出的树剪枝方法能够有效发现拓扑异常);最后,采用遥感影像的道路边界信息判断道路交叠区域的上层道路,从而得到包含几何-方向-拓扑-层级的立交桥精细结构。

6.2 创新点

(1) 多模集成的城市交叉口识别

城市交叉口类型多样、大小不一且分布范围广,基于单一数据的片面描述难以获取全面的交叉口。同时,基于监督学习的方法,样本的人工标注任务较为繁重。为此,本书提出了一种利用车辆轨迹与遥感影像多模集成的方法,通过在种子交叉口提取、协同训练与集成识别多个阶段融合二者的互补特征,实现真值的自动标注与扩充,从而自动获取大范围交叉口位置。首先采用融合多元无监督方法自动获取少量种子交叉口,再利用半监督的协同训练迭代选取大量训练样本,达到基于小样本数据学习出大规模样本数据的效果,最后通过对协同训练获取的两模型自适应融合,在无需人工标注的情况下实现对城市交叉口的全面获取。

(2) 深度融合的道路提取

轨迹数据分布不均、遥感影像易被遮挡,使得单源数据提取的道路精度有限。分析、融合轨迹数据和遥感影像的互补特征可进一步提升道路提取精度,但是现有融合方式未能充分挖掘、融合二者的互补特征。针对上述问题,本书基于深度学习网络设计了两种融合策略,以有效集成车辆轨迹与遥感影像关于道路的互补特征。在特征级的融合策略中,根据特征图融合位置的不同进一步设计了输入端融合和输出端融合方法,二者在网络架构设计上均针对性地考虑了道路的细长形态。同时,设计了同一模态的轨迹特征图与遥感影像图,以帮助模型更好地集成二者优势;另一种策略是指导式融合,即在神经网络模型中,以指导方式挖掘二者深层特征的互补信息。此外,深度融合网络引入多任务学习思想,将交叉口分割作为相关的辅助任务,进一步提升道路提取任务的效果。

(3) 多阶段融合的立交桥精细结构生成

立交桥为多层空间结构,道路密集且相互交织,同时拓扑连接关系复杂,导致立交桥空间精细结构的生成仍存在较大的困难。为此,本书融合车辆轨迹与遥感影像,提出了立交桥几何、方向、拓扑与层级一体化的精细结构生成方法。首先,基于车辆轨迹,引入方向"拆分-合并"的思想,以区分位置邻近但方向不同的道路,并获取兼具方向性和连续性的初始道路图;其次,在此基础上,基于遥感影像,提出以初始道路为指导和以道路边界为限制的超像素分割方法,对道路进行补充;再次,基于高置信度轨迹和地图匹配技术,对立交桥内部道路图的几何与拓扑信息进行迭代更新，从而确保路网拓扑的正确性；最后，利用遥感影像进行了立交桥交叠区域的层级分析，有效区分上下层级的道路，从而实现立交桥几何、方向、拓扑以及层次多个方面的空间精细结构生成。

6.3 展望

融合车辆轨迹与遥感影像进行多类别的道路信息提取是一个较为复杂的问题，本书针对中心线级路网的道路与交叉口，以及车行道级的立交桥提取进行了理论研究与实验分析，但是仍存在一些不足，未来将继续跟踪道路信息提取方面的前沿成果，探索如何通过融合车辆轨迹与遥感影像获取更多样的道路信息。目前的思路如下：

（1）路网结构的自监督生成

本书提出的以指导方式融合车辆轨迹与遥感影像的道路生成，相比单源数据的道路提取，在道路连续性和完整性方面表现更好，但是由于采用的是监督学习网络，仍需要进行大量的手工标注，并且迁移性较差。为此，在未来的研究中拟引入自监督网络模型，以实现网络在大规模的无标签数据中自动学习，无需人工标注。

（2）基于端到端的立交桥精细结构提取

本书提出的多阶段融合车辆轨迹与遥感影像的立交桥精细结构生成，能够获取集成几何-方向-拓扑-层级的立交桥精细结构。但是由于采用的多阶段策略，过程较为烦琐，不能直接生成立交桥路网，并且可能会引入累积误差。为此，在未来的研究中将通过改进的图卷积神经网络直接输出道路图模型，在改进的图模型中可以考虑用遥感影像的道路边界作为拓扑约束，从而生成更精确道路。

（3）轨迹与影像融合的车道级信息识别

本书的道路信息研究主要针对道路中心线级和车行道级，未涉及车道级路网，而车道级路网中的车道数信息、几何形态基于车道之间的转向关系对车辆导航来说至关重要。为此，在未来的研究中将融合遥感影像识别的车道线和车道方向指引标识，以及车辆轨迹的分布信息，提取车道级信息。

参 考 文 献

[1] SOULARD C E,ACEVEDO W,STEHMAN S V. Removing rural roads from the national land cover database to create improved urban maps for the United States, 1992 to 2011 [J]. Photogrammetric engineering & remote sensing,2018,84(2):101-109.

[2] DU X X, TAN K K. Comprehensive and practical vision system for self-driving vehicle lane-level localization [J]. Transactions on image processing,2016,25(5):2075-2088.

[3] 唐炉亮,赵紫龙,杨雪,等.大数据环境下道路场景高时空分辨率众包感知方法[J].测绘学报,2022,51(6):1070-1090.

[4] 倪苏妮,刘旭春.城市信息化建设新技术探讨[C]//《测绘通报》测绘科学前沿技术论坛.南京:[出版者不详],2008.

[5] AHMED M, KARAGIORGOU S, PFOSER D, et al. A comparison and evaluation of map construction algorithms using vehicle tracking data[J]. Geoinformatica,2015,19(3):601-632.

[6] YANG W, AI T H, LU W. A method for extracting road boundary information from crowdsourcing vehicle GPS trajectories[J]. Sensors, 2018,18(4):1261.

[7] WANG W X,YANG N,ZHANG Y,et al. A review of road extraction from remote sensing images[J]. Journal of traffic and transportation engineering (english edition),2016,3(3):271-282.

[8] GAO L,SONG W D,DAI J G,et al. Road extraction from high-resolution remote sensing imagery using refined deep residual convolutional neural network[J]. Remotesensing,2019,11(5):552.

[9] 李帅鑫,李九人,田滨,等.面向点云退化的隧道环境的无人车激光 SLAM 方法[J].测绘学报,2021,50(11):1487-1499.

[10] SUN T,DI Z L,CHE P Y,et al. Leveraging crowdsourced GPS data for road extraction from aerial imagery[C]//2019 IEEE/CVF Conference on

Computer Vision and Pattern Recognition (CVPR). June 15-20,2019. Long Beach,CA,USA. IEEE,2019.

[11] ZHANG Y Y,ZHANG J P,LI T,et al. Road extraction and intersection detection based on tensor voting[C]//2016 IEEE International Geoscience and Remote Sensing Symposium (IGARSS). July 10-15,2016, Beijing,China. IEEE,2016:1587-1590.

[12] 方志祥,仲浩宇,邹欣妍.轨迹延续性与影像特征相似性结合的城市道路提取[J].测绘学报,2020,49(12):1554-1563.

[13] WU H,ZHANG H Y,ZHANG X Y,et al. DeepDualMapper:a gated fusion network for automatic map extraction using aerial images and trajectories[J]. Proceedings of the AAAI conference on artificial intelligence,2020,34(1):1037-1045.

[14] 唐炉亮,于智伟,任畅,等.基于车载GPS轨迹的立体交叉口空间结构信息获取方法[J].交通运输工程学报,2019,19(5):170-179.

[15] WANG J,RUI X P,SONG X F,et al. A novel approach for generating routable road maps from vehicle GPS traces[J]. International journal of geographical information science,2015,29(1):69-91.

[16] WANG J,WANG C L,SONG X F,et al. Automatic intersection and traffic rule detection by mining motor-vehicle GPS trajectories[J]. Computers,environment and urban systems,2017,64:19-29.

[17] 唐炉亮,牛乐,杨雪,等.利用轨迹大数据进行城市道路交叉口识别及结构提取[J].测绘学报,2017,46(6):770-779.

[18] XIE X Z,BING-YUNGWONG K,AGHAJAN H,et al. Inferring directed road networks from GPS traces by track alignment[J]. ISPRS international journal of geo-information,2015,4(4):2446-2471.

[19] FATHI A,KRUMM J. Detecting road intersections from GPS traces [C]//Geographic Information Science. Berlin,Heidelberg:Springer Berlin Heidelberg,2010:56-69.

[20] 万子健,李连营,杨敏,等.车辆轨迹数据提取道路交叉口特征的决策树模型[J].测绘学报,2019,48(11):1391-1403.

[21] YANG X,HOU L,GUO M Q,et al. Road intersection identification from crowdsourced big trace data using Mask-RCNN[J]. Transactions in GIS, 2022,26(1):278-296.

[22] 蒋璠.基于浮动车轨迹数据的城市道路提取[D].成都:电子科技大

学,2021.

[23] DAVIES J J,BERESFORD A R,HOPPER A. Scalable,distributed,real-time map generation[J]. Pervasive computing,2006,5(4):47-54.

[24] 胡瀚,向隆刚,王德浩.出租车轨迹数据的道路提取[J].测绘通报,2018(7):53-57.

[25] ZHANG C L,XIANG L G,LI S Y,et al. An intersection-first approach for road network generation from crowd-sourced vehicle trajectories[J]. ISPRS international journal of geo-information,2019,8(11):473.

[26] 李思宇,向隆刚,张彩丽,等.基于低频出租车轨迹的城市路网交叉口提取研究[J].地球信息科学学报,2019,21(12):1845-1854.

[27] 陈晓飞,薛峰,王润生.航空照片中道路交叉口的自动检测[J].模式识别与人工智能,2000,13(1):83-86.

[28] 蔡红玥,姚国清.高分辨率遥感图像道路交叉口自动提取[J].国土资源遥感,2016,28(1):63-71.

[29] 张伟伟,毛政元.一种面向高空间分辨率遥感影像的路口自动定位新方法[J].国土资源遥感,2012,24(1):13-16.

[30] 曹闻,李润生.利用可变形部件模型检测遥感影像道路交叉口[J].武汉大学学报(信息科学版),2018,43(3):413-419.

[31] 周伟伟.基于道路交叉口的高分辨率遥感影像道路提取[D].武汉:武汉大学,2018.

[32] 王龙飞,刘智,金飞,等.道路交叉口自动检测算法的研究[J].测绘科学,2020,45(5):126-131.

[33] SHI W Z,MIAO Z L,DEBAYLE J. An integrated method for urban main-road centerline extraction from optical remotely sensed imagery[J]. Transactions on geoscience and remote sensing,2014,52(6):3359-3372.

[34] SUN K,ZHANG J P,ZHANG Y Y. Roads and intersections extraction from high-resolution remote sensing imagery based on tensor voting under big data environment[J]. Wireless communications and mobile computing,2019:6513418.

[35] WIEDEMANN C. Improvement of road crossing extraction and external evaluation of the extraction results[J]. International archives of photogrammetry remote sensing and spatial information sciences,2002,34(3/B):297-300.

[36] AHMED M,WENK C. Constructing street networks from GPS

trajectories［M］//Algorithms-ESA 2012. Berlin，Heidelberg：Springer Berlin Heidelberg，2012：60-71.

［37］MIAO Z L,SHI W Z,ZHANG H,et al. Road centerline extraction from high-resolution imagery based on shape features and multivariate adaptive regression splines[J]. Geoscience and remote sensing letters,2012,10(3)：583-587.

［38］陈光,陈良超,王国牛,等.像元结构指数的平面道路交叉口提取方法[J].测绘科学,2017,42(10):148-153.

［39］李小龙,张昀.道路信息提取方法综述[J].测绘通报,2020(6):22-27.

［40］KARAGIORGOU S,PFOSER D. On vehicle tracking data-based road network generation ［C］//Proceedings of the 20th International Conference on Advances in Geographic Information Systems. Redondo Beach California. ACM,2012.

［41］EDELKAMP S,SCHRÖDL S. Route planning and map inference with global positioning traces［M］//Computer Science in Perspective. Berlin, Heidelberg：Springer Berlin Heidelberg,2003：128-151.

［42］QIU J,WANG R S,WANG X. Inferring road maps from sparsely-sampled GPS traces［C］// Advances in Artificial Intelligence. Cham：Springer International Publishing,2014：339-344.

［43］QIU J,WANG R S. Automatic extraction of road networks from GPS traces[J]. Photogrammetric engineering & remote sensing,2016,82(8)：593-604.

［44］KARAGIORGOU S,PFOSER D,SKOUTAS D. Segmentation-based road network construction[C]//Proceedings of the 21st ACM SIGSPATIAL International Conference on Advances in Geographic Information Systems. Orlando Florida. ACM,2013.

［45］WU J W,ZHU Y L,KU T,et al. Detecting road intersections from coarse-gained GPS traces based on clustering[J]. Journal ofcomputers, 2013,8(11):45-52.

［46］LIU X M,ZHU Y M,WANG Y,et al. Road recognition using coarse-grained vehicular traces[J]. Hp Labs,2018(4):55-60.

［47］CAO L L,KRUMM J. From GPS traces to a routable road map［C］// Proceedings of the 17th ACM SIGSPATIAL International Conference on Advances in Geographic Information Systems. Seattle Washington. ACM,

2009:3-12.

[48] 唐炉亮,刘章,杨雪,等.符合认知规律的时空轨迹融合与路网生成方法[J].测绘学报,2015,44(11):1271-1276,1284.

[49] 刘纪平,张用川,徐胜华,等.一种顾及道路复杂度的增量路网构建方法[J].测绘学报,2019,48(4):480-488.

[50] SHI W H, SHEN S H, LIU Y C. Automatic generation of road network map from massive GPS, vehicle trajectories[C]//2009 12th International IEEE Conference on Intelligent Transportation Systems. October 4-7, 2009, St. Louis, MO, USA. IEEE, 2009:1-6.

[51] 王德浩.基于低频出租车GPS轨迹数据的路网信息提取[D].武汉:武汉大学,2017.

[52] 陆川伟,孙群,赵云鹏,等.一种基于条件生成式对抗网络的道路提取方法[J].武汉大学学报(信息科学版),2021,46(6):807-815.

[53] 陆川伟,孙群,陈冰,等.车辆轨迹数据的道路学习提取法[J].测绘学报,2020,49(6):692-702.

[54] RUAN S J, LONG C, BAO J, et al. Learning to generate maps from trajectories[J]. Proceedings of the AAAI conference on artificial intelligence, 2020, 34(1):890-897.

[55] HUANG J C, DENG M, TANG J B, et al. Automatic generation of road maps from low quality GPS trajectory datavia structure learning[J]. Access, 2018, 6:71965-71975.

[56] 林祥国,张继贤,李海涛,等.基于T型模板匹配半自动提取高分辨率遥感影像带状道路[J].武汉大学学报(信息科学版),2009,34(3):293-296.

[57] LIU W F, ZHANG Z Q, LI S Y, et al. Road detection by using a generalized Hough transform[J]. Remotesensing, 2017, 9(6):590.

[58] SHI W Z, MIAO Z L, WANG Q M, et al. Spectral-spatial classification and shape features for urban road centerline extraction[J]. Geoscience and remote sensing letters, 2014, 11(4):788-792.

[59] MAYER H, LAPTEV I, BAUMGARTNER A. Multi-scale and snakes for automatic road extraction[M]//Computer Vision — ECCV'98. Berlin, Heidelberg:Springer Berlin Heidelberg, 1998:720-733.

[60] CARDIM G P, DA SILVA E A, DIAS M A, et al. Statistical evaluation and analysis of road extraction methodologies using a unique dataset from remote sensing[J]. Remotesensing, 2018, 10(4):620.

[61] KARAMAN E, ÇINAR U, GEDIK E, et al. Automatic road network extraction from multispectral satellite images[C]//2012 20th Signal Processing and Communications Applications Conference (SIU). April 18-20,2012,Mugla,Turkey. IEEE,2012:1-4.

[62] MNIH V, HINTON G E. Learning to detect roads in high-resolution aerial images[M]//Computer Vision-ECCV 2010. Berlin, Heidelberg: Springer Berlin Heidelberg,2010:210-223.

[63] RONNEBERGER O, FISCHER P, BROX T. U-Net: convolutional networks for biomedical image segmentation[M]//Medical Image Computing and Computer-Assisted Intervention-MICCAI 2015. Cham: Springer International Publishing,2015:234-241.

[64] CHAURASIA A, CULURCIELLO E. LinkNet: Exploiting encoder representations for efficient semantic segmentation[C]//2017 IEEE Visual Communications and Image Processing (VCIP). December 10-13, 2017,St. Petersburg,FL,USA. IEEE,2017:1-4.

[65] ZHANG Z X, LIU Q J, WANG Y H. Road extraction by deep residual U-net[J]. Geoscience and remote sensing letters,2018,15(5):749-753.

[66] HE H, YANG D F, WANG S C, et al. Road extraction by using atrous spatial pyramid pooling integrated encoder-decoder network and structural similarity loss[J]. Remotesensing,2019,11(9):1015.

[67] ZHOU L C, ZHANG C, WU M. D-LinkNet: LinkNet with pretrained encoder and dilated convolution for high resolution satellite imagery road extraction[C]//2018 IEEE/CVF Conference on Computer Vision and Pattern Recognition Workshops (CVPRW). June 18-22,2018,Salt Lake City,UT,USA. IEEE,2018:192-1924.

[68] TAO C, QI J, LI Y S, et al. Spatial information inference net: Road extraction using road-specific contextual information[J]. ISPRS journal of photogrammetry and remote sensing,2019,158:155-166.

[69] CHAUDHURI D, KUSHWAHA N K, SAMAL A. Semi-automated road detection from high resolution satellite images by directional morphological enhancement and segmentation techniques[J]. Journal of selected topics in applied earth observations and remote sensing,2012,5(5):1538-1544.

[70] HUANG X, ZHANG L P. Road centreline extraction from high-resolution

imagery based on multiscale structural features and support vector machines[J]. Internation journal of remote sensing, 2009, 30(8): 1977-1987.

[71] CHENG G L, ZHU F Y, XIANG S M, et al. Accurate urban road centerline extraction from VHR imageryvia multiscale segmentation and tensor voting[J]. Neurocomputing, 2016, 205: 407-420.

[72] CHENG G L, WANG Y, XU S B, et al. Automatic road detection and centerline extractionVia cascaded end-to-end convolutional neural network[J]. Transactions on geoscience and remote sensing, 2017, 55(6): 3322-3337.

[73] LU X Y, ZHONG Y F, ZHENG Z, et al. Multi-scale and multi-task deep learning framework for automatic road extraction[J]. Transactions on geoscience and remote sensing, 2019, 57(11): 9362-9377.

[74] YANG X F, LI X T, YE Y M, et al. Road detection and centerline extractionvia deep recurrent convolutional neural network U-net[J]. Transactions on geoscience and remote sensing, 2019, 57(9): 7209-7220.

[75] BASTANI F, HE S T, ABBAR S, et al. RoadTracer: automatic extraction of road networks from aerial images[C]//2018 IEEE/CVF Conference on Computer Vision and Pattern Recognition. June 18-23, 2018, Salt Lake City, UT, USA. IEEE, 2018: 4720-4728.

[76] CAO C Q, SUN Y. Automatic road centerline extraction from imagery using road GPS data[J]. Remotesensing, 2014, 6(9): 9014-9033.

[77] 杜影丽. 点云和图像融合的道路提取方法研究[D]. 武汉: 武汉大学, 2021.

[78] YUAN J Y, CHERIYADAT A M. Image feature based GPS trace filtering for road network generation and road segmentation[J]. Machinevision and applications, 2016, 27(1): 1-12.

[79] HE S T, BASTANI F, ABBAR S, et al. RoadRunner: improving the precision of road network inference from GPS trajectories[C]// Proceedings of the 26th ACM SIGSPATIAL International Conference on Advances in Geographic Information Systems. Seattle Washington. ACM, 2018: 3-12.

[80] YANG B S, LUAN X C, LI Q Q. An adaptive method for identifying the spatial patterns in road networks[J]. Computers, environment and urban systems, 2010, 34(1): 40-48.

[81] 马超,孙群,陈换新,等.利用路段分类识别复杂道路交叉口[J].武汉大学学报(信息科学版),2016,41(9):1232-1237.

[82] YANG X,STEWART K,TANG L L,et al. A review of GPS trajectories classification based on transportation mode[J]. Sensors,2018,18(11):3741.

[83] STANOJEVIC R,ABBAR S,THIRUMURUGANATHAN S,et al. Robust road map inference through network alignment of trajectories[M]//Proceedings of the 2018 SIAM International Conference on Data Mining. Philadelphia, PA: Society for Industrial and Applied Mathematics,2018:135-143.

[84] BIAGIONI J,ERIKSSON J. Map inference in the face of noise and disparity[C]//Proceedings of the 20th International Conference on Advances in Geographic Information Systems. Redondo Beach California. ACM,2012.

[85] DENG M,HUANG J C,ZHANG Y F,et al. Generating urban road intersection models from low-frequency GPS trajectory data[J]. International journal of geographical information science,2018,32(12):2337-2361.

[86] HUANG J,DENG M,ZHANG Y,et al. Complex road intersection modelling based on low-frequency gpstrack data[J]. The International archives of the photogrammetry, remote sensing and spatial information sciences,2017,XLII-2/W7:23-28.

[87] 邬群勇,吴祖飞,张良盼.出租车GPS轨迹集聚和精细化路网提取[J].测绘学报,2019,48(4):502-511.

[88] TANG J B,DENG M,HUANG J C,et al. A novel method for road intersection construction from vehicle trajectory data[J]. Access,2019,7:95065-95074.

[89] 陈漪.基于GPS数据的城市路网立交桥识别技术研究[D].长春:吉林大学,2011.

[90] REN C,TANG L L,YANG X,et al. Mapping grade-separated junctions in detail using crowdsourced trajectory data[J]. Transactions on intelligent transportation systems,2022,23(6):5552-5561.

[91] LIU S Y,DENG W H. Very deep convolutional neural network based image classification using small training sample size[C]//2015 3rd IAPR Asian Conference on Pattern Recognition (ACPR). November 3-6,2015,

Kuala Lumpur,Malaysia. IEEE,2015:730-734.

[92] KRIZHEVSKY A,SUTSKEVER I,HINTON G E. ImageNet classification with deep convolutional neural networks[J]. Communications of the ACM,2017,60(6):84-90.

[93] REN S Q,HE K M,GIRSHICK R,et al. Faster R-CNN:towards real-time object detection with region proposal networks[J]. Transactions on pattern analysis and machine intelligence,2017,39(6):1137-1149.

[94] HE K M,GKIOXARI G,DOLLÁR P,et al. Mask R-CNN[C]//2017 IEEE International Conference on Computer Vision (ICCV). October 22-29,2017,Venice,Italy. IEEE,2017:2980-2988.

[95] HE K M,ZHANG X Y,REN S Q,et al. Deep residual learning for image recognition[C]//2016 IEEE Conference on Computer Vision and Pattern Recognition (CVPR). June 27-30, 2016, Las Vegas, NV, USA. IEEE,2016:770-778.

[96] LONG J,SHELHAMER E,DARRELL T. Fully convolutional networks for semantic segmentation[C]//2015 IEEE Conference on Computer Vision and Pattern Recognition (CVPR). June 7-12,2015,Boston,MA,USA. IEEE,2015:3431-3440.

[97] BLUM A,MITCHELL T. Combining labeled and unlabeled data with co-training [C]//Proceedings of the Eleventh Annual Conference on Computational Learning Theory. Madison Wisconsin USA. ACM,1998.

[98] WEISS K,KHOSHGOFTAAR T M,WANG D D. A survey of transfer learning[J]. Journal of big data,2016,3(1):9.

[99] YAO Y, DORETTO G. Boosting for transfer learning with multiple sources[C]//2010 IEEE Computer Society Conference on Computer Vision and Pattern Recognition. June 13-18, 2010, San Francisco, CA, USA. IEEE,2010:1855-1862.

[100] OZBULAK G,AYTAR Y,EKENEL H K. How transferable are CNN-based features for age and gender classification? [C]//2016 International Conference of the Biometrics Special Interest Group (BIOSIG). September 21-23, 2016, Darmstadt, Germany. IEEE, 2016: 1-6.

[101] CARUANA R. Multitask learning[J]. Machinelearning,2024,28:41-75.

[102] BAXTER J. A Bayesian/information theoretic model of bias learning

[C]//Proceedings of the Ninth Annual Conference on Computational Learning Theory - COLT '96. June 28-July 1,1996. Desenzano del Garda,Italy. ACM,1996.

[103] ZHANG J M,YU B F,JI H B,et al. Multi-task feature learning by using trace norm regularization[J]. Openphysics,2017,15(1):674-681.

[104] 刘经南. 大数据与位置服务[J]. 测绘科学,2014,39(3):3-9.

[105] YUAN J,ZHENG Y,XIE X,et al. T-drive:enhancing driving directions with taxi drivers' intelligence[J]. Transactions on knowledge and data engineering,2013,25(1):220-232.

[106] MNIH V. Machine Learning for Aerial Image Labeling[D]. Toronto:University of Toronto (Canada). 2013.

[107] DEMIR I,KOPERSKI K,LINDENBAUM D,et al. DeepGlobe 2018:a challenge to parse the Earth through satellite images[C]//2018 IEEE/CVF Conference on Computer Vision and Pattern Recognition Workshops (CVPRW). June 18-22, 2018, Salt Lake City, UT, USA. IEEE,2018:172-17209.

[108] SINNOTT R W. Virtues of the Haversine[J]. Sky and telescope,1984,68(2,article 159):158.

[109] DABIRI S,HEASLIP K. Inferring transportation modes from GPS trajectories using a convolutional neural network[J]. Transportationresearch part c:emerging technologies,2018,86:360-371.

[110] 王冬,张焱,姜俊奎. 基于浮动车轨迹数据的城市路网提取[J]. 中国科技论文,2019,14(2):226-231.

[111] LIU X M,BIAGIONI J,ERIKSSON J,et al. Mining large-scale, sparse GPS traces for map inference: comparison of approaches[C]//Proceedings of the 18th ACM SIGKDD International Conference on Knowledge Discovery and Data Mining. Beijing China. ACM,2012.

[112] 向隆刚,邵晓天. 载体轨迹停留信息提取的核密度法及其可视化[J]. 测绘学报,2016,45(9):1122-1131.

[113] 胡瀚. 多源数据融合的城市道路深度学习识别方法研究[D]. 武汉:武汉大学,2019.

[114] ZHANG C L,LI Y L,XIANG L G,et al. Generating road networks for old downtown areas based on crowd-sourced vehicle trajectories[J]. Sensors,2021,21(1):235.

[115] NIE D, GAO Y Z, WANG L, et al. ASDNet: attention based semi-supervised deep networks for medical image segmentation[C]// Medical Image Computing and Computer Assisted Intervention-MICCAI 2018. Cham: Springer International Publishing, 2018: 370-378.

[116] GUY G, MEDIONI G. Inference of surfaces, 3D curves, and junctions from sparse, noisy, 3D data[J]. Transactions on pattern analysis and machine intelligence, 1997, 19(11): 1265-1277.

[117] HONG Y, ZHU W P. Spatial co-training for semi-supervised image classification[J]. Patternrecognition letters, 2015, 63: 59-65.

[118] CHEN C, LU C W, HUANG Q X, et al. City-scale map creation and updating using GPS collections[C]//Proceedings of the 22nd ACM SIGKDD International Conference on Knowledge Discovery and Data Mining. San Francisco California USA. ACM, 2016.

[119] WANG C, HAO P, WU G Y, et al. Intersection and stop bar position extraction from vehicle positioning data[J]. Transactions on intelligent transportation systems, 2020, 23(4): 3670-3681.

[120] QI X J, HAN Y T. Incorporating multiple SVMs for automatic image annotation[J]. Patternrecognition, 2007, 40(2): 728-741.

[121] PASZKE A, GROSS S, CHINTALA S, et al. Automatic differentiation in PyTorch[C]// 31st Conference on Neural Information Processing Systems (NIPS 2017), Long Beach, CA, USA, 2024.

[122] MENA J B. State of the art on automatic road extraction for GIS update: a novel classification[J]. Patternrecognition letters, 2003, 24(16): 3037-3058.

[123] ZHANG Z Q, ZHANG X C, SUN Y, et al. Road centerline extraction from very-high-resolution aerial image and LiDAR data based on road connectivity[J]. Remotesensing, 2018, 10(8): 1284.

[124] IOFFE S, SZEGEDY C. Batch normalization: Accelerating deep network training by reducing internal covariate shift[J]. ArXiv preprint arXiv: 1502.03167v3, 2015: 1-11.

[125] SU H, JAMPANI V, SUN D Q, et al. Pixel-adaptive convolutional neural networks[C]//2019 IEEE/CVF Conference on Computer Vision and Pattern Recognition (CVPR). June 15-20, 2019, Long Beach, CA, USA. IEEE, 2019: 11158-11167.

[126] SUN T, DI Z L, CHE P Y, et al. Leveraging crowdsourced GPS data for road extraction from aerial imagery[C]//2019 IEEE/CVF Conference on Computer Vision and Pattern Recognition (CVPR). June 15-20, 2019. Long Beach, CA, USA. IEEE, 2019.

[127] HOWLAND D S, LIU J, SHE Y J, et al. Focal loss of the glutamate transporter EAAT2 in a transgenic rat model of SOD1 mutant-mediated amyotrophic lateral sclerosis (ALS)[J]. Proceedings of the National Academy of Sciences of the United States of America, 2002, 99(3): 1604-1609.

[128] SHI W Z, MIAO Z L, WANG Q M, et al. Spectral-spatial classification and shape features for urban road centerline extraction[J]. Geoscience and remote sensing letters, 2014, 11(4): 788-792.

[129] DOUGLAS D H, PEUCKER T K. Algorithms for the reduction of the number of points required to represent a digitized line or its caricature [J]. Cartographica: theinternational journal for geographic information and geovisualization, 1973, 10(2): 112-122.

[130] WIEDEMANN C, HEIPKE C, MAYER H, et al. Empirical evaluation of automatically extracted road axes[J]. Empirical evaluation techniques in computer vision, 1998, 12: 172-187.

[131] WEI Y, ZHANG K, JI S P. Simultaneous road surface and centerline extraction from large-scale remote sensing images using CNN-based segmentation and tracing[J]. Transactions ongeoscience and remote sensing, 2020, 58(12): 8919-8931.

[132] ZHANG L J, THIEMANN F, SESTER M. Integration of GPS traces with road map[C]//Proceedings of the Third International Workshop on Computational Transportation Science. San Jose California. ACM, 2010.

[133] BIAGIONI J, ERIKSSON J. Inferring road maps from global positioning system traces [J]. Transportationresearch record: journal of the transportation research board, 2012, 2291(1): 61-71.

[134] SINGH T R, ROY S, SINGH O I, et al. A new local adaptive thresholding technique in binarization [J]. Arxiv preprint arXiv: 12015227, 2012.

[135] ZHANG T Y, SUEN C. A fast parallel algorithm for thinning digital patterns[J]. Commun ACM, 2008, 27: 236-239.

[136] WEI Y,JI S P. Scribble-based weakly supervised deep learning for road surface extraction from remote sensing images[J]. Transactions on geoscience and remote sensing,2021,60:5602312.

[137] ACHANTA R,SHAJI A,SMITH K,et al. SLIC superpixels compared to state-of-the-art superpixel methods[J]. Transactions on pattern analysis and machine intelligence,2012,34(11):2274-2282.

[138] NEWSON P,KRUMM J. Hidden Markov map matching through noise and sparseness[C]//Proceedings of the 17th ACM SIGSPATIAL International Conference on Advances in Geographic Information Systems. Seattle Washington. ACM,2009.

[139] FROEHLICH J,KRUMM J. Route prediction from trip observations[C]//SAE Technical Paper Series. SAE International,2008.

[140] BESSE P,GUILLOUET B,LOUBES J M,et al. Review and perspective for distance based trajectory clustering[J]. ArXiv e-Prints,2015:arXiv:1508.04904.